Bancos que financian a más gente

Por Jaime Alonso

Portada e ilustraciones de Cristina Villacieros

JAIME ALONSO

Índice

Introducción. 5
Mapa de ruta. 11
1. CÓMO FUNCIONAN LOS BANCOS. 15
¿Qué hacen los bancos? Sus funciones. 15
A qué presta especial atención para cumplir esas funciones. 27
Parada y fonda. 40
2. OTROS TIPOS DE ACTIVIDADES BANCARIAS. MICROFINANZAS 45
The Grameen Bank 45
Triodos Bank..59
Fiare 63
Oikocredit 65
Prosper.com 68
Kiva.org 73
Parada y fonda. 77
3. EVOLUCIÓN DE LAS INSTITUCIONES FINANCIERAS. 81
Los bancos convencionales; su evolución y sus clientes 81
Las cajas de ahorro y los *community banks* 95
Las microfinanzas; su evolución...98
Parada y fonda. 108
4. LA EXCLUSIÓN FINANCIERA. 111
Las personas excluidas del sistema...111
La Responsabilidad Social Corporativa.......................................122
Las iniciativas de inclusión financiera 128
La inversión norte-sur...132
Los fondos de inversión 134
Internet y banca móvil. M-Pesa. 136
Modelo Fundación 138
Parada y fonda. 139
5. LA BANCA ÉTICA 143

6. CENTRO CIUDAD. 153
Recapitulación 153
Centro Ciudad. 161
Glosario- recordatorio 171
Referencias 175

Jaime Alonso (www.jaimealonsoarza.es) *ha desarrollado una larga trayectoria profesional en el sector financiero. Ha trabajado en bancos de Estados Unidos que se establecían en nuestro país, participando en la eclosión de las supercuentas y de las hipotecas a tipo variable en los años en los que España dejaba atrás los tipos de interés fijos y los bancos empezaban a competir. Posteriormente contribuyó al nacimiento de la banca telefónica y por internet. En los últimos años se ha ocupado de organizar, en lo que afectaba a la entidad en la que trabajaba, la asimilación de la imparable marea legislativa y de control interno que ha inundado el sistema financiero en busca de una mayor transparencia y protección del cliente.*

Cristina Villacieros, licenciada en Bellas Artes, ha disfrutado desde niña de sus dibujos y, ya de mayor, de su pintura, de su escultura y de la ilustración. Busca expresar lo que le toca en el alma, ya sea un paisaje que le evoca la infancia, la figura que le surge de observar a uno de sus hijos, o simplemente un sentimiento especial; plasma así en obra de arte lo que pertenece al mundo de la imaginación. Dedicada este último año a investigar nuevas técnicas de pintura, vive una de las etapas más creativas de su desarrollo artístico; participamos de sus inquietudes a través de su blog: cristinavillacieros.blogspot.com.es

Introducción.

Les proponemos en este libro analizar si los bancos pueden dar crédito a personas a quienes por el momento apenas prestan dinero; si pueden aceptar los ahorros, por escasos que sean, de gente con pocos recursos, o entregarles una tarjeta de débito o quizá de crédito. Si pueden dar servicio a más personas de la sociedad, dentro o fuera de este país. Y queremos analizar si eso es posible sin que dejen de ser bancos convencionales del sistema, regidos por una normativa específica, una de cuyas finalidades es proteger los ahorros que los depositantes, les han entregado. Nos proponemos analizar si pueden prestar servicio financiero a algunos grupos a los que hoy consideramos desfavorecidos, y si lo pueden hacer sin poner en riesgo —en mayor riesgo que en un banco clásico— los depósitos que les confía la gente. Al tiempo que vemos si eso es posible, intentaremos analizar lo que podemos hacer como ciudadanos, votantes, consumidores, o cualquier otro papel que desarrollemos socialmente, para impulsar su evolución en esa dirección.

Dicho de otra manera: no se trata en este libro de definir unos bancos sociales teóricos, sino de conocer algunos de los que ya existen, así como otras figuras similares que buscan financiación para los desfavorecidos. Quizá sea posible que una parte mayor del sistema financiero tenga un comportamiento más social. Se trata de identificar algunos tipos de institución y de herramientas que nos permitan movernos hacia ese objetivo; caminar en esa dirección puede parecer una ingenuidad, quizá un sueño, pero, ¿para qué están los libros sino para soñar?

Para hacer este ejercicio quisiéramos no caer en las manos de los números las estadísticas, y los conceptos técnicos, sino acudir a descripciones y conceptos, que el texto tuviera aspiraciones de ensayo. ¿Puede escribirse un ensayo sobre banca? Parece que los ensayos debieran versar sobre otras materias, como la filosofía, sociología o historia, que parecen más próximas a lo humano, racional e intelectual; además, en los estudios sobre esos temas se utilizan criterios, valores o argumentos; mientras que para hablar de banca hay que acudir a números, índices y porcentajes, así como utilizar, claro está, expresiones financieras. A lo largo de este libro mencionaremos varias veces a **Walter Bagehot**, editor de *The Economist* en el Londres de 1870. Bagehot, en un libro en el que describía el negocio de la City londinense de la época, es decir, de los bancos, decía que **el negocio de los bancos tiene que ser sencillo; si es complicado, es erróneo**. Esto es lo que hemos intentado aquí, traducir ese negocio a lo que tiene de sencillo para luego analizar si puede proporcionar servicio y ser útil a sectores de la sociedad más desfavorecidos, a los excluidos. No dejamos de considerar que si las finanzas, como la economía en general, están en el ámbito de las ciencias sociales, tenemos que ser capaces de encontrarnos con las personas a lo largo del análisis.

—

La banca es antigua, y está ligada al comercio. El libro de Bagehot se llama "Lombard Street, A Description of the Money Market". La calle Lombard mencionada en el título es una de las principales de la City de Londres, de su centro financiero, y se llama así, según nos indica la información turística, en referencia a Lombardía, pues el comercio de lana ya condujo a banqueros de aquella región italiana a establecerse en Londres en el siglo XII.

—

Para darnos cuenta de que proporcionar servicio financiero al menos a parte de los sectores desfavorecidos es un sueño posible, comentaremos algunas experiencias internacionales.

El Banco Grameen será la primera de nuestras paradas. Esta entidad fue creada por Muhammad Yunus cuando en Jobra, población del sur de Bangladesh cercana a donde enseñaba economía, identificó el caso de una mujer que fabricaba taburetes de bambú, Sufia Caton. Esta mujer trabajaba con material comprado gracias al préstamo que recibía de una persona que era la misma que, a su vez, le compraba el producto final. El prestamista fijaba el precio de la materia prima y el del producto terminado, dejando muy poca ganancia a Sufia. Ante este escaso beneficio ella no tenía más alternativa que solicitar de nuevo dinero al mismo individuo, para así obtener bambú para fabricar el siguiente lote, encontrándose encerrada en un círculo vicioso sin salida. A la pregunta de Yunus de si no podría conseguir el dinero de esa persona, pero vender el producto a otra diferente, ella argumentó que el tipo de interés en tal caso sería tan alto que haría el negocio total aun peor. Con la ayuda de sus estudiantes, Yunus averiguó que había cuarenta y dos personas en la misma situación en esa población y que debían, entre todas, veintisiete (27) dólares a los prestamistas. Su conclusión fue que esta gente no era pobre por pereza o falta de inteligencia, sino porque no podía obtener préstamos de ninguna entidad al carecer de garantías. El Banco Grameen, y con él la formalización de la financiación mediante los microcréditos, nació de la reacción frente a esa realidad inmediata.

Otros bancos con vocación solidaria nacieron como consecuencia de un análisis deliberado. Como el banco Triodos, en Holanda, donde, en 1968, se empezaron a plantear si había otra manera de relacionarse con el dinero, puesto que el dinero y su utilización produce efectos en la sociedad y las personas. Lo que estuvo en su origen fue la búsqueda de una manera de relacionarse conscientemente con el dinero.

En la misma época el Consejo Mundial de las Iglesias, en una reunión en Upsala (a la que tenía previsto acudir Marthin Luther King, que fue asesinado antes), los asistentes se preguntaban, desde un compromiso político, *¿por qué las iglesias invierten sin escrúpulos en bancos que pueden canalizar sus inversiones hacia la industria bélica de la guerra de Vietnam, o que apoyan el apartheid? ¿No existe una manera mejor de invertir, en consonancia con las enseñanzas sociales de la iglesia?* Oikocredit fue constituido unos años después en Holanda como resultado de aquel proceso.

A finales de 1999 apareció en Italia la Banca Popolare de Milano, y unos años después surgió en España el movimiento Fiare, dirigido a la creación de un nuevo estilo de finanzas, las finanzas éticas. Confluyeron en la creación de la sucursal en España del banco italiano, una cooperativa de crédito propiedad de sus socios, creando así una banca ética nacida desde los movimientos sociales en diversas organizaciones territoriales.

Los préstamos también se pueden realizar individualmente. Es decir, por una persona específica a una persona específica y para una finalidad determinada. Internet permite realizar préstamos entre personas, en los que quien provee el dinero sabe para qué va a ser utilizado (es decir, conoce la historia y el proyecto del prestatario). Hablaremos de un par de plataformas de internet que facilitan la realización estas operaciones. Una es Prosper, que permite que residentes de Estados Unidos se presten entre sí, ya sea para reunificar deudas y pagar menos intereses o para finalidades más altruistas. La otra es Kiva, donde en un extremo de la cadena está un ciudadano del primer mundo y en el otro uno del tercero, y ambos tienen nombre, apellidos e historia propios.

Grameen, Triodos, Fiare, Oiko, Prosper, Kiva. Hay muchos más ejemplos, pero solo hemos elegido algunos. Son diferentes instituciones o sistemas que ayudan a que el dinero circule hacia quien lo necesita, son instituciones bancarias, o auxiliares de la banca. ¿Qué tienen en común? Pues que al moverse en el mundo de la banca se alejan de la caridad y los donativos. Son otras formas mediante las que las personas utilizan los ahorros que depositan, o que hubieran depositado, en los bancos. Quieren que su dinero siga siendo suyo, pero que se utilice de otra manera. Quieren que se les devuelva, y quizá con intereses, pero quieren que se utilice para una finalidad social. Es otro tipo de banca o, mejor dicho, son los mimbres aislados y dispersos de otro tipo de banca. Comentaremos algunas características de esos sistemas de financiación a los desfavorecidos, y para ello vamos a actuar como un bañista que asoma un instante la cabeza bajo el agua y luego cuenta algo de lo que ve. Habrá muchos aspectos de los que no se hable y quizá de alguno se hable demasiado, pero el objetivo es mostrar que la enorme historia, inteligencia y trabajo que hay debajo hacen que la banca social sea una alternativa real y actual para el ahorrador particular.

—

El sistema financiero habitual puede utilizar elementos de las entidades de financiación social para avanzar hacia las necesidades financieras de las personas que ahora están excluidas del sistema. Este avance implica combinar simultáneamente dos aspectos:

El primero es conseguir más eficacia. No se trata de que haya más dinero, sino de que el existente se dirija hacia proyectos a los que, además de rentabilidad, se les requiera aporte social positivo. Se pretende que llegue a una mayor parte de la sociedad no solo más financiación, sino, junto con ella, las técnicas de selección de proyectos, gestión del riesgo, integración de mercado, mayor competencia y disminución de la usura que constituyen de forma menos visible algunos entresijos del sistema financiero.

Puesto que estamos hablando de sistema financiero como tal, el segundo aspecto es que las instituciones del sistema sean capaces de devolvernos los ahorros que hemos depositado en ellas. Esto significa que, al decidir la concesión de préstamos, se tenga en cuenta que el ahorrador quiere que le devuelvan sus fondos: el dinero lo ha depositado en una entidad financiera, pero no se lo ha regalado a ella. No hablamos de donación, sino de gestionar sin poner en riesgo inadecuado los ahorros depositados; este principio conducirá a financiar unos proyectos sí y otros, no: el proporcionar servicios financieros a los desfavorecidos consiste en asegurarse de que los proyectos viables son efectivamente financiados por el sistema sin que pertenecer a ese grupo social lo haga aun más complicado.

Y ese es el otro elemento de la propuesta. Asumir que los bancos tienen que seguir siendo tales, esto es, que es necesario que sus accionistas estén satisfechos, bien porque su rentabilidad no se ve afectada, bien porque otorgan también importancia a esa actividad social, o por una combinación de ambos factores.

Cuando un ahorrador decide dónde depositar su dinero está eligiendo una o varias opciones entre las muchas disponibles, pero en este libro nos centramos solo en un tipo de opciones, las relacionadas con la banca social. Existe el riesgo de que ese enfoque nos lleve a pensar si ese tipo de banca es una buena o mala alternativa para invertir, sin matices ni comparaciones con la banca tradicional. Pero La Crisis de 2008, que ha requerido apoyar a la banca tradicional con decenas de miles de millones, nos ha demostrado que entre las alternativas que el sistema convencional nos ofrecía había muchas que no eran brillantes. Conviene por ello que al analizar los matices del sistema financiero en relación con los desfavorecidos no olvidemos que la banca convencional presenta una amplia gama de grises que aquí no analizamos.

Al hacer este camino, esta inmersión, nos serán de ayuda, para remarcar o contrastar conceptos —o para refrescarnos un poco—, textos de Moliére, Shakespeare, Mark Twain, Jorge Llopis o el desconocido autor de unos cantares satíricos sobre la estafa piramidal de Baldomera Larra en el siglo XIX. Los dibujos de Cristina Villacieros nos comentarán aspectos de la historia y nos ayudarán a llegar a buen puerto.

Mapa de ruta.

Shylock.- ¿Tres mil ducados?...Bien...
Bassanio.- Sí, señor; por tres meses
Shylock.- ¿Por tres meses?...Bien
Bassanio.- Por cuya suma, según os he dicho, Antonio saldrá fiador
Shylock.- ¿Antonio saldrá fiador?...Bien
Bassanio.- ¿Podéis servirme? ¿Queréis complacerme? ¿Conoceré vuestra respuesta?
Shylock.- ¿Tres mil ducados por tres meses y Antonio como fiador?
Bassanio.- Vuestra respuesta
Shylock.- Antonio es bueno

El Mercader de Venecia, William Shakespeare.

Banca es prestar[1] tres mil ducados a Bassanio con la garantía de Antonio, de quien luego nos dice Shakespeare que tiene varios galeones en viaje y es solvente. Lo que pasa es que muy pocos entre los que necesitan dinero tienen un amigo con galeones suficientes, pero aun pendientes de llegar a puerto, como es el caso de Antonio, avalista de la operación. Desde este concepto de banca iremos trabajando mediante los siguientes pasos:

---

[1] Vamos a utilizar algunos términos de manera genérica, así por *prestar* entenderemos tanto otorgar un préstamo (el prestatario recibe todo el dinero de una vez) como otorgar un crédito (en cuyo caso el acreditado puede ir retirando el dinero poco o poco); una *acción* será parte del capital de una sociedad anónima como una parte de los fondos propios de una sociedad cooperativa; y *bancos* será una referencia que incluya a bancos, cajas de ahorro y cooperativas de crédito.

En primer lugar, examinando **CÓMO FUNCIONAN LOS BANCOS**, con el objetivo de describir qué son y para qué valen, tanto ellos como el sistema financiero. Un sistema financiero bien estructurado favorece el crecimiento y la mejora de una comunidad. No estamos hablando de un sistema en el que haya mucho dinero, sino de un sistema en el que los ahorros se recojan por entidades que se gestionen con razonable prudencia (puesto que lo han depositado los ahorradores y hay que ser capaces de devolvérselo) y se dedique a los fines adecuados. Analizaremos los principales aspectos de su funcionamiento interno, aquellos que, si son correctamente atendidos, le permiten durar y cumplir sus objetivos.

Mediante el anterior estudio nos habremos centrado en el modelo clásico de banco convencional; será evidente que una entidad así está dirigida a una sociedad occidental y a los sectores en ella que están fuera de la pobreza. Por eso, en la segunda parte, **OTRO TIPO DE ACTIVIDADES BANCARIAS. MICROFINANZAS**, echaremos un vistazo a otras formas de hacer banca más cercanas a los sectores más desfavorecidos; entre estos modelos están significativamente los microcréditos y las instituciones microfinancieras. Queremos saber cómo funcionan, en qué se diferencian de los sistemas convencionales y extraer algunas enseñanzas de su modelo.

En el siguiente capítulo, **EVOLUCIÓN DE LAS INSTITUCIONES FINANCIERAS**, estudiaremos cómo han evolucionado los sistemas anteriores, tanto el clásico como, específicamente, el microfinanciero.

El cuarto capítulo lo dedicamos a **LA EXCLUSIÓN FINANCIERA**. Contra ella luchan los proyectos de Responsabilidad Social Corporativa y diversas iniciativas de los supervisores financieros. La exclusión tiene un alcance internacional, lo que obliga a analizar algunos sistemas de canalización de fondos hacia instituciones microfinancieras o especializadas de otros países.

Buena parte de los anteriores conceptos giran en torno a un concepto central, ya muy desarrollado, **LA BANCA ÉTICA,** como reacción para facilitar el acceso al crédito, y en general a los servicios sociales, por las organizaciones sociales a favor de los grupos desfavorecidos.

Al acabar cada capítulo haremos un resumen, a modo de **Parada y Fonda**, para recapitular por dónde camina nuestro análisis. En esta especie de viaje, al final habremos llegado a un destino y, como si siguiéramos las señales de tráfico que vemos al llegar en coche a una población, nos encontraríamos en el **CENTRO CIUDAD**. Este capítulo final pretende integrar lo que hasta ese momento hemos comentado, que es cómo funciona el sistema financiero y algunas herramientas que ofrece para impulsar un comportamiento más social, con nuestra propia capacidad de actuación ante ese entorno, capacidad que, por pequeña que sea, no deja de ser real.

En las últimas páginas hemos incluido un **Glosario-Recordatorio**, donde citamos algunas expresiones poco comunes tal como han sido utilizadas en el propio texto, así como una lista de las principales **Referencias**.

1. CÓMO FUNCIONAN LOS BANCOS.

¿Qué es un banco, para qué vale, cómo funciona? Vamos a describir qué es un banco, el que conocemos en España y en la economía occidental, y el que, con sus crisis de diferente calado, ha venido sirviendo a la economía. Lo haremos desde los siguientes puntos de vista:
- ✓ Para qué vale, es decir, cuáles son sus funciones.
- ✓ A qué presta especial atención para cumplir esas funciones.
- ✓ La relación entre la Administración y el banco.

—

¿Qué hacen los bancos? Sus funciones.

El sistema financiero desarrolla diversas funciones, como proporcionar un sistema de pagos para el intercambio de bienes y servicios o facilitar una información de precios que permite tomar muchas decisiones a los agentes económicos; el sistema influye en los tipos de interés, en la cantidad de dinero en circulación, y por tanto en la política monetaria. Hablaremos de la función de intermediación financiera, que es la que desarrollan los bancos.

La intermediación financiera no es más que la transformación de los ahorros generados por unas personas en préstamos concedidos a otras para el desarrollo de actividades determinadas; estas actividades deben, en principio, generar una rentabilidad que permita pagar el interés de la operación para así retribuir al ahorrador. La intermediación puede ser desarrollada, según los lugares y las épocas, por bancos, o instituciones similares, con características que han ido evolucionando para ser cada vez más eficientes en el cumplimiento de sus fines y mejores que las entidades competidoras.

—

A lo largo de estas páginas nos referiremos varias veces al libro Athenian Economy and Society. A Banking Perspective (Princeton, 1992), de **Edward E. Cohen,** *en el que el autor hace un análisis del* **nacimiento del sistema financiero en la Atenas clásica y su choque con la estructura social** *a través de documentos de la época. A la vez que nos describe las funciones de las nuevas entidades nos cuenta hasta qué punto hacen algo diferente dentro de la comunidad y las implicaciones sociales y personales:*

«El nuevo sistema requería de manera natural nuevos funcionarios. Ya que centenares de comunidades acuñaban su propia moneda, y algunas monedas dominantes circulaban lejos de su territorio, **el cambista pasó a ocupar un lugar destacado en el mercado***. El cambista hacía su negocio en la "trapeza" (literalmente la mesa en el mercado sobre la que se intercambia moneda). Ya que el nuevo mercado, con precios fijados en dinero y orientado al beneficio, se desarrollaba a través de estas monedas, el intercambio en la "trapeza" acabó generando numerosas transacciones puntuales, que en sí mismas eran el origen de un nuevo sistema económico.*

»Además del intercambio de dinero, estos cambistas ("trapezai") otorgaban préstamos, recibían depósitos y actuaban como intermediarios facilitando el comercio, convirtiéndose en lo que denominaríamos banqueros.

»Ya que la provisión de estas funciones no se originaba en las tradicionales relaciones familiares, sociales o políticas, sino en transacciones aisladas en un entorno de negocio, el "trapeza" separó la nueva economía de la estructura social de la sociedad tradicional.

»Debido a su origen comercial y diferenciado de la sociedad tradicional, la operación de los negocios "trapezitic" (un "banco") estuvo abierta incluso a aquellos que no participaban en la estructura social tradicional, a no aristócratas, no atenienses e incluso a esclavos. Estas actividades a su vez generaron nuevas relaciones personales y familiares transformando más la sociedad y la economía. (...)

»Los banqueros no podían emplear a atenienses libres para estas labores. Aunque los ciudadanos podían desarrollar funciones específicas y limitadas —representación en un pleito comercial, provisión de financiación mediante emisión de garantía—, los valores sociales no permitían a los

ciudadanos trabajar de forma continuada bajo el control de otra persona; las subvenciones públicas permitían hasta al ateniense más pobre evitar el empleo "servil".

»Pero los esclavos y los familiares dependientes no podían mostrar objeciones filosóficas ni morales para evitar la participación en operaciones bancarias. Como resultado, incluso en una sociedad patriarcal, represiva y esclavista, los esclavos de los banqueros tenían inusuales oportunidades de fortuna y aceptación, y las esposas de los banqueros podían tener conocimiento detallado del funcionamiento de los bancos e influencia en ellos. A la muerte de su propietario, el control de los negocios bancarios, con su correspondiente poder y propiedad, se dejaba habitualmente, no al descendiente varón, sino a un esclavo varón y a la viuda del propietario, que a continuación se casaban.»

—

Vamos a echar un vistazo a varios de los aspectos de la intermediación financiera. El primero es que supone la **transformación de ahorros del depositante en préstamos del banco a los prestatarios.** Cuando uno deposita el dinero en el banco, este es el obligado a devolverlo; por el otro lado, el prestatario debe el dinero a la entidad financiera y no a cada ahorrador individual. El banco desarrolla por tanto una **función de interposición**: tiene la obligación directa de devolver el dinero a los ahorradores, cuando se lo soliciten o se cumpla el plazo del depósito, a vez que debe asegurarse de que aquellos a quienes ha financiado reembolsen los fondos de acuerdo a lo comprometido. El tercer aspecto a comentar es la **gestión de riesgos.** De todos los riesgos, el más evidente es que el préstamo se efectúe a una persona o empresa que pudiera no devolverlo. Hay que hablar específicamente del **riesgo de contrapartida.** El banco debe llevar a cabo unos análisis razonables que le lleven a confiar en que los importes que entrega como préstamos le van a ser reembolsados según lo previsto. Esto significa no solo que cada uno aisladamente considerado sea aceptable sino también, por ejemplo, que no haya circunstancias comunes a un número elevado de operaciones o de prestatarios que, de producirse, llevarían a que hubiera una falta de reembolso simultánea por parte de muchos clientes. El quinto aspecto a comentar es por tanto la **gestión de la cartera de préstamos.**

Transformación de ahorros en préstamos.

El primer paso es **captar depósitos** de muchos ahorradores. Hay que conseguir que la gente confíe esos ahorros a una institución financiera. Nos podemos preguntar por qué se hace esto.

La labor de captación de depósitos no es algo natural. **Walter Bagehot**, *el editor de The Economist al que ya hemos presentado, lo describía así en 1870: «Muchas cosas que parecen simples y funcionan bien cuando están firmemente establecidas son difíciles de establecer entre nuevas personas, y no es fácil explicárselo.* **La banca de depósitos es una de esas. Se trata, en esencia, de que un número muy grande de personas se ponen de acuerdo en confiar en unas pocas, o incluso solo en una. La banca no sería un negocio rentable si lo banqueros no fueran pocos y los depositantes, en comparación, muchos.** *Y conseguir que un número muy grande de personas haga exactamente lo mismo es muy difícil y solamente una necesidad muy palpable haría que de pronto comenzaran a hacerlo. Y no existe tal palpable necesidad en banca.»*

El sistema transforma los depósitos obtenidos en préstamos para las personas o empresas que los necesitan para finalidades concretas. Este esquema simplificado de tomar el ahorro a los que lo generan y prestarlo a los que lo necesitan se instrumenta de múltiples formas tanto por un lado como por el otro; esas formas están condicionadas por los requerimientos de cada parte. Si somos ahorradores, ¿qué le pedimos al banco al que le dejamos nuestro dinero?; si necesitamos el dinero, ¿qué le pedimos a esa misma institución?

Como ahorradores, a la entidad en la que depositamos nuestro dinero lo principal que le exigimos es que, en su momento y de acuerdo al contrato que firmemos, nos lo devuelva. Y pedimos, en los productos bancarios clásicos, que el obligado al reembolso sea el propio banco; si la persona a la que este ha prestado los fondos no paga al vencimiento, eso no debería afectar al hecho de que el banco sí nos reintegre nuestro saldo. **En la intermediación financiera, el banco está asumiendo el riesgo**. Asumir el riesgo es el concepto clave de esta industria. Además, le pedimos que nos lo devuelva según se ha comprometido, inmediatamente si es una cuenta corriente, o bien en el plazo estipulado, todo ello con independencia de cuándo lo recupere.

La banca acumula ahorros de importes pequeños para permitir inversiones de mayor volumen; esas inversiones se podrán efectuar en otros lugares diferentes de aquellos en los que se hayan captado los ahorros, prestarse a personas de sectores económicos diferentes o realizarse en momentos posteriores, por lo que la banca transferirá los recursos a través de tiempo, sector y lugar. Esa **transformación de plazos** lleva a los bancos a invertir, a mayores plazos los importes que los clientes tienen en cuentas corrientes y que podrían retirar al día siguiente. Si muchos clientes decidiesen retirar sus ahorros el mismo día no sería posible atender inmediatamente esas peticiones simultáneas de reembolso, lo que incrementaría la desconfianza y generaría un pánico bancario, por lo que estas instituciones buscan siempre mantener la confianza de los ahorradores. Las normas legales establecen medidas que pretenden proporcionar esa seguridad.

—

La función de interposición.

La interposición se formaliza mediante contratos con quien tiene el dinero y quien lo necesita. Como ahorradores, en algunos casos (cuentas corrientes, imposiciones a plazo) el dinero se lo dejamos al banco, mientras que en otros decidimos ser dueños, en nuestro porcentaje, de las empresas comprando sus acciones. Otras alternativas son prestarlo directamente a esas empresas o al Estado comprando obligaciones, o bien invertirlo junto con otras personas a través de fondos de inversión. En cada caso firmaremos un contrato diferente para lo que habremos tenido en cuenta cuándo lo necesitamos, cuánto interés queremos obtener y qué seguridad nos ofrece la entidad en la que invertimos. El dinero llegará a los inversores mediante préstamo o participación en su capital y a unos vencimientos y tipos de interés determinados.

—

"Muchas cosas que parecen simples y funcionan bien cuando están firmemente establecidas son difíciles de establecer entre nuevas personas, y no es fácil explicárselo. La banca de depósitos es una de esas. Se trata, en esencia, de que un número muy grande de personas se ponen de acuerdo en confiar en unas pocas, o incluso solo en una."

La gestión de riesgos.

Para analizar la función de gestión de riesgos es útil hacerse la siguiente pregunta: **¿qué pasaría si no hubiera un banco entre ahorrador y prestatario?** Si no hubiera una entidad así entre las partes el ahorrador tendría que decidir personalmente dónde invertir su dinero. Para ello necesitaría información de diferente tipo: quién solicita financiación, en qué proyecto la pretende utilizar, qué experiencia tiene en ese campo, o cuáles son sus probabilidades de éxito o la rentabilidad esperada. La persona que tiene ahorros disponibles y tiene que decidir qué hacer con ellos tendría, en ausencia de bancos, que obtener esa información sobre cada una de las diferentes alternativas de inversión para luego analizarla y tomar una decisión.

El inversor se encontraría entonces con el problema de la **asimetría de la información** que se produce entre el que tiene los ahorros, y necesita información para decidir dónde los invierte, y quien necesita el dinero y tiene que proporcionar esa información para convencer al ahorrador de que se lo preste. Existe información asimétrica cuando las dos partes de una operación no tienen igual información. Quien solicita el dinero tiene la mayor información sobre el proyecto, su viabilidad real y sus características; a la vez es conocedor de su propia experiencia, conocimientos y habilidades para desarrollarlo. Puesto que lo que necesita es recibir los fondos, presentará el caso de la manera más favorable, ¿qué podría suceder? Con toda seguridad el *peor* prestatario (aquel cuyo proyecto de empresa tiene las menores probabilidades de éxito, o bien ofrece menores rentabilidades) se mostraría dispuesto a pagar el mayor tipo de interés, y, además, la información que presentaría al ahorrador sería la más favorable para sus intereses. Por su lado, el *mejor* prestatario se mostraría dispuesto a pagar un tipo de interés menor, y, además, no haría un esfuerzo por mejorar la información presentada. Podemos pensar que el inversor en esta situación no iba a tener tiempo y capacidad de analizar en detalle las alternativas presentadas y que se iba a decantar por un tipo de interés intermedio. Ese tipo de interés no estaría dispuesto a pagarlo el mejor prestatario, por lo que le acabaría prestando su dinero al peor prestatario, recibiendo así un menor interés del que hubiera podido obtener para una inversión de ese riesgo. Es un proceso que lleva al ahorrador a elegir una inversión contraria a sus intereses, por lo que se denomina de *selección adversa*.

Y una vez hecha la inversión, ¿qué? Se han entregado los fondos para financiar un proyecto que va a generar una rentabilidad suficiente para pagar los intereses comprometidos. Si el dinero se utiliza para otra finalidad, la probabilidad de que nos lo devuelvan disminuye. Para decidir a quién prestarlo hemos preguntado a quién se le iba a entregar y para qué. Ahora parece lógico controlar que se utiliza para la finalidad pactada y que la persona o empresa que lo ha recibido es quien hace uso de él, hechos todos ellos de los que evidentemente la mejor información la posee el prestatario. Este riesgo de desvío en el uso de los fondos una vez desembolsado el préstamo se denomina **riesgo moral**.

—

El riesgo moral, o **moral hazard,** *se genera porque hay dos personas involucradas, la que tiene el dinero y la que lo toma prestado para un proyecto empresarial. Keynes, en la Teoría General del Empleo, el Interés y el Dinero lo comenta así (capítulo 11):*

«Hay dos tipos de riesgo que afectan a la inversión y que habitualmente no se han diferenciado entre sí, pero que es importante distinguir. El primero es el riesgo del empresario o prestatario, y resulta de sus propias dudas sobre la probabilidad de realmente obtener la rentabilidad que espera. Si un hombre arriesga su capital, este es el único riesgo relevante.

»Pero cuando aparece un sistema de otorgar y recibir préstamos, es decir, conceder un préstamo con una garantía real o personal, un segundo tipo de riesgo es relevante, que podemos llamar el riesgo del prestamista. Esto puede ser debido a riesgo moral ("moral hazard"), por ejemplo a un impago voluntario o a otros métodos, incluso legales, para no cumplir con la obligación de pagar, o a la posible insuficiencia del margen de garantía. (...)"

»El primer tipo de riesgo es, en cierto sentido, un riesgo social real, aunque se puede disminuir utilizando promedios y mejorando la exactitud de las previsiones. El segundo es, sin embargo, un puro coste

adicional al de la inversión, que no existiría si prestamista y prestatario fueran la misma persona. Además, supone duplicar una parte del riesgo del empresario, que se añade al propio tipo de interés para alcanzar la rentabilidad mínima que se requiere para la inversión. Si el proyecto empresarial es arriesgado, el prestatario tratará de que haya un margen amplio entre su expectativa de rentabilidad y el tipo de interés al que cree que merece la pena endeudarse; y la misma razón llevará al prestamista a añadir un mayor margen entre lo que carga por el préstamo y el puro tipo de interés para llevarle a conceder el préstamo (...) La esperanza de un resultado muy favorable del proyecto, que puede equilibrar el riesgo para el prestatario, no consuela al prestamista.»

La asimetría de la información entre quien ha ahorrado los fondos y quien los solicita para llevar adelante una actividad económica podría provocar que el inversor eligiera la peor opción (selección adversa), y, una vez desembolsado el préstamo, que los fondos se utilizaran para otra finalidad (riesgo moral). La interposición de un banco permite disminuir los problemas de información asimétrica. Estas entidades han de disponer de medios para reducir el riesgo de la inversión; son los sistemas de **gestión de riesgos**.

El riesgo de contrapartida.

El riesgo financiero más evidente es el riesgo de impago, esto es, el de no cobrar los intereses de nuestra inversión, o no recuperar el principal. Hay que analizar bien a quien solicita financiación, y ¿cómo se analiza?

El análisis se centra en primer lugar en la persona o entidad a la que se va a prestar el dinero, en el **riesgo de contrapartida** ¿le cree el banco, le otorga credibilidad?, ¿es un profesional con dominio demostrable de su actividad y medios para desarrollarla? Si las cosas fueran mal, ¿dispone de garantías que proporcionen seguridad de que el importe entregado será devuelto con sus intereses?

---

*En una carta dirigida a la industria financiera el **Controller of the Currency** de Estados Unidos, Hugh McCullock, establecía, ya en 1863, algunos principios de gestión generales:*

- «No permitáis que se den préstamos que no están asegurados más allá de una contingencia razonable. No fomentéis ni alentéis la especulación. Financiar solo operaciones legítimas y prudentes. Nunca renovéis una letra o pagaré solo porque no sabéis donde colocar el dinero a igual tipo si os lo repagan.
- Distribuir los préstamos, más que concentrarlos en pocas manos. Grandes préstamos a una misma persona o empresa, aunque a veces son necesarios y convenientes, son generalmente imprudentes y a menudo inseguros. Los grandes prestatarios pueden controlar el banco y cuando esta es la relación entre un banco y su cliente no es difícil saber quién sufrirá al final.
- Si dudas sobre la conveniencia de descontar unos efectos, otorga al banco el beneficio de la duda y no lo hagas, nunca apruebes un descuento de letras si dudas de su conveniencia. Si tienes razones para desconfiar de la honradez de un cliente, cierra su cuenta. Nunca trates con granujas bajo la impresión de que puedes evitar que te engañen. En esos casos el riesgo es mayor que el beneficio (…)
- Busca un negocio bancario legítimo, honrado y recto. La 'financiación espléndida" no es un negocio bancario legítimo, y los 'financieros espléndidos" en banca son generalmente inconscientes o granujas.»

El dinero se presta para desarrollar un proyecto cuyas expectativas deben estar razonablemente explicadas y conllevar la generación de unos rendimientos que permitan pagar los intereses y generar un beneficio. Se gestiona la incertidumbre. El proyecto de inversión debe analizarse desde sus diferentes puntos de vista, el personal (solicitante, conocimiento sobre él, datos financieros, experiencia, referencias), el proyecto (explicación, proyecciones de negocio y financieras), el sector económico y otras características que permitan conocerlo.

Y las garantías, ¿qué? Tras el análisis, el banco pensará, quizá, que el proyecto de inversión es viable, pero no deja de ser una hipótesis. Buscará garantías adicionales clásicas, como las hipotecas, los avales o las prendas. En aquellos casos en los que no las hay, lo que va a suceder en la mayoría de los casos en la economía social, adquiere mayor importancia la preparación y presentación del proyecto de inversión, su validación por expertos reconocidos y las relaciones a largo plazo constituidas con el prestatario.

¿Cómo se busca la información necesaria para realizar ese análisis, qué fuentes se utilizan? ¿Y cómo se homogeniza la información y su tratamiento para asegurar que se utilizan los mismos criterios con clientes diferentes? La información habrá que obtenerla de diferentes fuentes, tanto del cliente como externas, para que se complementen y unas añadan credibilidad a otras; cuanto más verificados estén los datos, tanto mejor (un balance auditado debería ser más fiable que uno sin auditar); los procedimientos de análisis se enfocarán a las fases que la entidad quiere analizar, como el proyecto de manera global, la experiencia y conocimiento de los gestores o los flujos estimados de ingresos y gastos.

Shakespeare describía un análisis de riesgos. Unas páginas atrás hemos incluido una cita de El Mercader de Venecia en la que Bassanio le pide a Shylock tres mil ducados por tres meses y, como no tiene dinero, ofrece la garantía de su amigo Antonio. Shylock entonces analiza la situación patrimonial, y de ingresos de Antonio; respecto a los ingresos tiene en cuenta el grado de certeza de que se puedan materializar. El análisis lo realiza utilizando fuentes más o menos formales y añadiendo juicios propios, todo ello para ver si tres meses después le podría devolver los tres mil ducados:

«**Shylock.-** ¿Tres mil ducados por tres meses y Antonio como fiador?
»**Bassanio.-** Vuestra respuesta
»**Shylock.-** Antonio es bueno
»**Bassanio.-** ¿Habéis oído alguna imputación en contrario?
»**Shylock.-** ¡Oh!, no, no, no, no. Mi intención al decir que es bueno es haceros comprender que lo tengo por solvente. Sin embargo, sus recursos son hipotéticos; tiene un galeón con destino a Trípoli; otro en ruta para las Indias; he sabido, además, en el Rialto, que tiene un tercero en Méjico y un cuarto camino de Inglaterra. Posee algunos más esparcidos aquí y allá. Pero los barcos no están hechos más que de tablas; los marineros no son sino hombres; hay ratas de tierra y ratas de agua; ladrones de tierra y ladrones de agua; quiero decir piratas. Además, existe el peligro de las olas, de los vientos y de los arrecifes. No obstante, el hombre es solvente. Pienso que puedo aceptar su pagaré.»

El proceso de análisis y concesión de créditos que hemos comentado se aplica a cada cliente. Cuando es necesario estudiar segmentos homogéneos de clientes para ofrecerles productos estandarizados, se pueden utilizar aplicaciones informáticas que a cada variable a analizar otorgan una determinada puntuación, accediéndose al préstamo cuando se alcanza un mínimo. Esas aplicaciones tienen en cuenta datos de cada persona, como los años de antigüedad en el puesto de trabajo, los ingresos anuales o el porcentaje de los ingresos que se destina a pagar las cuotas del préstamo. Nos encontramos ante las técnicas de *credit scoring;* este tipo de modelos de aplicación masiva son susceptibles de utilización a distancia, por internet o teléfono.

—

La cartera de préstamos

Ahora demos un paso atrás para ganar perspectiva desde el punto de vista del banco. El banco debe dinero el ahorrador. El prestatario debe dinero al banco. Como ahorradores nos interesa la capacidad de la entidad de devolvernos el dinero. **El riesgo que nos debe preocupar no es el riesgo particular de que cada cliente devuelva lo recibido, sino el riesgo general de la cartera de préstamos** de la institución a la que hemos confiado nuestros ahorros. Por tanto, pediremos a nuestro banco que mantenga una cartera adecuada que compense unos préstamos con otros. La entidad debe diversificar su cartera para minimizar los riesgos globales de impago, a la vez que, en función de los tipos de riesgo, la normativa le obligará a que mantenga unas reservas para prevenir los posibles incumplimientos por parte de sus clientes.

Si echamos un vistazo a una cartera de préstamos nos encontraremos con que determinados tipos de riesgo son exclusivos de un préstamo o activo y no se ven influidos por otros factores. Son los riesgos asistémicos. Habrá otros tipos de riesgo que son influidos por variables externas, los sistémicos. Una cartera de préstamos diversificada y amplia debería permitir compensar los riesgos asistémicos de muchos activos entre sí, con el objetivo de que, al final, solo queden los riesgos sistémicos.

—

En ese equilibrio interno de la cartera de activos, las entidades pueden volcarse en unos y desatender otros, como ha sucedido durante La Crisis: A nivel global un banco puede prestar dinero a sus clientes, a otras entidades y a la Administración Pública, de su país o de otros, lo que realiza comprando o suscribiendo letras del Tesoro, obligaciones del Estado u otro tipo de deuda pública. El Estado es, en principio, un deudor más fiable que personas y empresas, se puede plantear pagar tipos altos, no hay que gastar dinero ni esfuerzos en analizar y gestionar sus operaciones y financieramente es más conveniente invertir en él. Además, cuando se presta al sector privado, y debido al riesgo de contrapartida, hay que mantener un porcentaje de capital; cuando se presta al sector público, se trata como una inversión sin riesgo (aunque La Crisis ha generado cambios). Así, cuando los estados necesitan financiación pueden pagar un mayor tipo de interés, lo que coincide con que los bancos asumen menores riesgos, costes de capital y gastos administrativos. La conclusión es que toda la inversión se dirige hacia los estados, expulsándose a los prestatarios privados. Se produce un desplazamiento, o **crowding out**, *en cuyo caso no es que no se conceda un determinado préstamo individual o sea necesario conseguir una cartera equilibrada, sino que no hay crédito al sector privado. El sistema no está funcionando.*

—

A qué presta especial atención para cumplir esas funciones.

Hemos comentado en qué consiste el riesgo de contrapartida, es decir, por qué es importante controlar el riesgo de que la generalidad de los préstamos se reembolse según lo comprometido. Pero este no es sino uno de los tipos de riesgo que debe gestionar la entidad. ¿Qué otros riesgos hay? O, dicho de otro modo, ¿qué otros elementos de su negocio tiene en consideración un banco mientras desarrolla sus funciones? Vamos a identificar esos factores clave siguiendo algunos conceptos del balance y de la cuenta de resultados de estas entidades:

✓ El activo del balance está constituido por lo que posee la entidad, y una institución financiera lo que tiene principalmente son derechos, como el de que la persona a quien se ha prestado dinero lo devuelva. Esto quiere decir que una parte importante del activo es la cartera de préstamos. Para asegurar que esa cartera tiene y mantiene un valor se dispone de las técnicas de gestión de riesgos.

- ✓ En el activo se encuentran también los saldos en efectivo que mantenga en el banco central o se encuentren depositados en otras instituciones. Estos saldos son, en una cierta proporción, los que utilizará en el día a día para asegurar el pago por caja a quien retire dinero y, en una proporción quizá mayor, los que tenga disponibles para futuras financiaciones o inversiones y que, mientras esas operaciones no se materialicen, pueden prestarse a otras entidades para obtener rentabilidad. El banco gestiona su liquidez y su tesorería.

- ✓ El pasivo lo constituye los fondos que ha recibido. Se trata de los depósitos de los clientes, y también de depósitos, es decir, préstamos, de otras entidades, que deben ser devueltos en su momento. La gestión de la liquidez incluye la de estos depósitos recibidos.

- ✓ En el pasivo se integran, además, el capital y las reservas, esto es, el dinero que pertenece a los accionistas, que esperan obtener una rentabilidad por él, pero que a la vez asumen el riesgo de su pérdida si el negocio se viene abajo. Se trata de la gestión del capital.

- ✓ En la cuenta de pérdidas y ganancias podemos destacar dos conceptos:
    - o El primero, lo que la entidad gana por la diferencia entre el tipo de interés que cobra por los préstamos y el que paga por los depósitos. Esta diferencia puede aumentar o disminuir no solo por la propia diferencia entre ambos tipos de interés sino, además, si entran en juego divisas diferentes. Hay que atender al riesgo de interés, y al de tipo de cambio.
    - o Y el segundo, los costes, principalmente administrativos y de gestión, que permiten transformar ahorros en préstamos. Los costes también pueden ser imprevistos, producidos por todo lo que puede pasar en un proceso administrativo, tecnológico y humano complejo. A *todo lo que puede pasar*, desde que un

empleado abandone la empresa y consiga que los clientes le sigan a su nueva empresa, hasta una estafa, pasando porque no la entidad no recupere un préstamo porque un contrato estaba mal preparado, lo llamamos riesgo operacional.

Por tanto, un banco tiene que gestionar, además del riesgo de contrapartida, y entre otros aspectos, la liquidez, el capital, el riesgo de interés y de divisa, los costes de transformación y el riesgo operacional.

—

Podemos examinar la **gestión de la liquidez** desde varios ángulos. El más llamativo es el de poder devolver su dinero a los clientes cuando lo piden. Los modelos construidos para gestionar la liquidez funcionan de acuerdo a la ley de los grandes números. Las reservas de efectivo a constituir para atender las previsibles devoluciones aumentan menos que proporcionalmente respecto al número de depositantes…mientras las decisiones de los depositantes no estén correlacionadas entre sí. El problema surge cuando sí lo están. ¿Cuándo están relacionadas las decisiones de retirar los fondos por parte de múltiples ahorradores? El caso límite es el pánico bancario, si ante la posibilidad de quiebra de una entidad y posible pérdida de los ahorros, todos los depositantes acuden masivamente a retirar sus fondos. Esto provoca la necesidad de vender aceleradamente activos por parte de la entidad, incrementando la sensación negativa entre los ahorradores y acelerando la salida de fondos en un proceso en espiral. Ante el pánico la clave es restaurar la confianza.

—

*Con palabras de **Bagehot** en el Londres del XIX*
*«Lo que se puede y debe hacer para detener una situación de pánico es dar la impresión de que, aunque el dinero puede ser difícil de obtener, aun hay dinero. Si la gente pudiera ser convencida de que pueden obtener el dinero si esperan uno o dos días, y que no se avecina la ruina total, lo más probable es que no corrieran de manera tan loca por el dinero. **O cierras el banco inmediatamente diciendo que no vas a prestar más que lo habitual o sigues prestando libre y abiertamente para que el público sienta que continuas prestando.**»*

—

Una gestión adecuada de la liquidez permite a las entidades hacer frente a sus compromisos, formales o informales, en plazo, demostrar seguridad y no verse obligados a solicitar precipitadamente (y por tanto pagando un interés mayor) fondos a otras entidades para cubrir sus necesidades.

Un mecanismo para transmitir confianza y seguridad es el de los fondos de garantía de depósitos: las entidades están obligadas al pago de una contribución periódica a ese fondo, con el cual, hasta ciertos límites, se devolverán los depósitos a los ahorradores si un banco quiebra y no los puede reembolsar. La normativa establece los requisitos, organización y gestión de ese fondo.

Para gestionar la liquidez hay que combinar la rentabilidad a obtener con los depósitos con la capacidad de atender los previsibles pagos de efectivo, manteniendo siempre disponible de manera inmediata una cantidad de dinero, o coeficiente de reservas mínimas. Para obtener mayor rentabilidad habitualmente necesitará colocar los fondos a un plazo más largo. Para poder reembolsarlo inmediatamente debe tener disponible la cantidad que estima que pueden solicitar los ahorradores en el día; el dinero puede encontrarse en efectivo en la propia entidad, depositado en el banco central o en otros bancos, colocado en inversiones a muy corto plazo o ser accesible mediante líneas de crédito otorgadas por otras entidades.

—

Los bancos, como todas las sociedades mercantiles, tienen dueños, que, para ser tales, han invertido unos fondos con los que constituir el capital social. Este capital debe ser el suficiente para la actividad prevista, para proporcionar seguridad al mercado y debe ser posible remunerarlo convenientemente. Se trata de la **gestión del capital**. Los dueños de una empresa deberían disponer de sistemas que les permitiesen controlarla; por tanto al hablar del capital vamos conjuntamente a hablar del control y de la gestión de esa empresa.

Comprar acciones de un banco es una decisión de inversión. El ahorrador elige comprar acciones en lugar de, por ejemplo, colocar su dinero en un depósito a plazo, porque calcula que obtendrá más rentabilidad, aunque asume un riesgo mayor al fluctuar el precio de esa acción en el mercado de valores, la Bolsa. La rentabilidad que puede obtener se determina por el beneficio repartido, el dividendo, más la revalorización que pueda tener la acción en Bolsa.

La entidad habrá de utilizar bien el capital, y tener solo el capital que necesita, combinando así lo que exige la solidez, que es disponer de mayor capital, con lo que exige la rentabilidad, que es mantener exclusivamente el capital necesario para la actividad desarrollada y prevista. Esta combinación permitirá además atraer más capital o financiación de otras entidades al interés más razonable cuando sea necesario.

Los dueños de la empresa deberían disponer de sistemas para controlarla así como establecer los criterios básicos para su gestión. ¿Es así? Así debería ser. El capital que necesitan los bancos es muy grande y hasta los grandes accionistas tienen participaciones por un porcentaje mínimo del capital que, sin embargo, les permite un control efectivo. Este control es posible debido, por ejemplo, a acuerdos entre grupos de accionistas, a que el accionista minoritario puede sentirse satisfecho si ve una rentabilidad y evolución de su cotización adecuadas, y a que muchos derechos de voto pueden delegarse a través de la propia institución y muchos no se ejercen. El accionista puede ser una persona o sociedad con interés directo en la entidad, o bien ser un fondo de inversión o un conjunto de accionistas con un interés más indirecto en la sociedad y ceñido a su rentabilidad inmediata.

Los órganos representativos de la propiedad nombran gestores con una capacidad de actuación adecuada. Se establecen sistemas de remuneración para asegurar que esos directivos persigan los mismos objetivos que los accionistas, esto es, que sus intereses se encuentren alineados entre sí. Estos sistemas de compensación a menudo premiarán el incremento de la rentabilidad para el accionista, medido por el incremento de cotización y de los beneficios a lo largo de varios años; para favorecer esa conjunción duradera de intereses quizá establezcan que el cobro de parte de la remuneración se distribuya durante varios ejercicios o se produzca en acciones de la propia entidad.

―

En su carta de 1863 el estadounidense McCullock incluía un comentario respecto al capital de los bancos:
«El capital de un banco debe ser realidad, no ficción. Y debe pertenecer a los que tienen dinero disponible, no a prestamistas»
Y había en ella otro comentario que no me resisto a incluir, por el aroma del siglo XIX unido a la reminiscencia de épocas más cercanas:
«Paga a tus directivos sueldos que les permitan vivir confortable y respetablemente sin robar, y requiere de ellos la totalidad de sus servicios. Si un directivo vive por encima de su salario, despídelo; incluso si su exceso de gasto puede ser justificado y es coherente con su honradez, aun así, despídelo. El despilfarro, aunque no sea un delito, conduce naturalmente al delito.»

―

A los bancos se les ha obligado históricamente, y se les obliga, que **mantengan unos importes de capital que se calculan en relación al activo**. Puesto que la función del capital es proporcionar solvencia, la normativa lo que hace es clasificar cada tipo de activo según su fortaleza y requiere que se mantengan unos porcentajes de capital en función de ella. Un préstamo con garantía hipotecaria requerirá menos capital que uno sin ella o la compra de determinada deuda menos que prestar a un particular; la normativa ha ido refinando progresivamente el cálculo de este coeficiente para adecuarlo de mejor manera al riesgo del activo de cada entidad. Por tanto, el capital necesario está relacionado principalmente con el riesgo de contrapartida.

Hagámonos ahora una pregunta. La rentabilidad y los objetivos de una empresa, ¿son solo los de sus dueños, los accionistas?, ¿deberían ser solo los de ellos? El matiz diferencial está entre *son* y *deberían ser*. El concepto que incorporamos es el de **stakeholders**, entendido como partes afectadas o grupos de interés: la evolución de una empresa importa no solo a sus accionistas, sino, además, a los empleados, clientes y proveedores, así como a otros grupos sociales afectados por ella. Estos grupos tienen una capacidad limitada de hacer presentes sus intereses e influir en las decisiones que les afectan, pero esos intereses están empezando, muy poco a poco, a hacerse valer favorecidos por una presión social y diversas recomendaciones normativas.

—

Hemos hablado del riesgo de contrapartida, de la liquidez y del capital. Hablemos ahora del precio; los bancos intermedian dinero, cuyo precio es el tipo de interés, y eso hace importante la **gestión del riesgo de interés**. La entidad paga un tipo de interés a los ahorradores y cobra otro a los clientes. Esos tipos pueden ser fijos o estar referenciados a un tipo de interés de mercado cambiando cuando este cambia. Si el banco no ha prestado a sus clientes todo el dinero disponible para ello, lo puede prestar a otras entidades en los mercados interbancarios, por lo cual también obtendrá una rentabilidad. Los tipos de interés que se cobran o pagan son diferentes, cambian en diferentes momentos, lo hacen de acuerdo a tipos de referencia sobre los que no se puede influir y será necesario modificarlos por actuaciones de la competencia. El riesgo de interés puede ser directo, si se hace necesario pagar mayor tipo de interés por los depósitos recibidos sin que sea posible a corto plazo cobrar más por los préstamos desembolsados, e indirecto. La competencia entre productos genera riesgos indirectos, cuando los clientes consideran, por ejemplo, que les es rentable sacar el dinero de la cuenta corriente para invertirlo en una letra del tesoro. Para protegerse contra los riesgos de interés los bancos pueden traspasar el riesgo a otras entidades; también se lo pueden traspasar al cliente mediante los productos a tipo variable.

Algo parecido sucede con los **tipos de cambio**, donde una evolución de las cotizaciones en uno u otro sentido, según los importes y a proporción que la entidad tenga de depósitos o préstamos en ésta o aquella divisa, puede producir efectos indeseados.

Desde una perspectiva más amplia, el tipo de interés es un precio de un bien, el dinero, precio que es conocido por toda la sociedad. Esta información permite a personas y empresas comparar las alternativas de inversión o ahorro y tomar sus correspondientes decisiones de manera descentralizada a lo largo del sistema económico, mejorando así la eficiencia del propio sistema. El tipo de interés es, además, una fuente de información utilizada por las autoridades monetarias para evaluar sus políticas.

—

El proceso de intermediación ha de ser eficiente, para lo que ha de proporcionar la financiación que necesiten los empresarios y familias, a los plazos y para las finalidades que necesite, dentro de un análisis prudente y razonable de sus probabilidades de devolución. El proceso pretende un equilibrio entre una diversificación que permita compensar los riesgos de contrapartida, y un conocimiento detallado de las empresas y sectores que permita entender y gestionar sus riesgos. Además, los préstamos han de proporcionarse al menor tipo de interés razonable; para que este no sea elevado, no lo han de ser los costes de la maquinaria administrativa y financiera que hace posible la transformación del ahorro en inversión. La **gestión de los costes de transacción** es otro elemento importante en el proceso bancario y, como siempre, la banca lo primero que hace es construir un indicador para medirlos.

El **riesgo operacional** se genera por la complejidad del propio proceso interno de gestión y se refiere a posibles pérdidas por casos como los de fraude por empleados o proveedores, operaciones propias o de clientes realizadas erróneamente, líneas de comunicaciones o centros de proceso de datos que se vienen abajo e imposibilitan el servicio y otros similares. Para cubrir estos riesgos es necesario mantener una cantidad específica de capital.

—

En resumen, los bancos deben llevar a cabo una asignación eficiente del ahorro, que deben ser capaces de remunerar y devolver, a los proyectos de inversión más adecuados. Para ello analizarán los proyectos de inversión teniendo en cuenta la viabilidad, credibilidad, solvencia y garantías del prestatario. Gestionarán los préstamos para minimizar el riesgo global. Mantendrán la liquidez necesaria para atender reembolsos y nuevas solicitudes de financiación, pero no invertirán por el puro deseo de invertir. El capital deberá tener unos mínimos respecto a los riesgos asumidos, pertenecer a inversores reales, y sus órganos de representación establecerán unas estructuras y sistemas de gestión que hagan que los intereses de gestores y los de los accionistas estén alineados; sin olvidar los intereses de los stakeholders. En su gestión el banco se relaciona por contratos diferentes con los ahorradores y los prestatarios, contratos que tendrán diferentes tipos de interés, vencimientos y divisas, cuyo riesgo también deberá ser gestionado. Y todo el proceso debe hacerse al menor coste administrativo posible y controlando el riesgo operacional.

Los efectos de agregación y movilización del ahorro de manera eficiente a proyectos bien seleccionados pueden ser de utilidad para sociedades diferentes, en épocas diferentes con independencia de la cantidad de ahorro y la envergadura de cada proyecto.

*El dinero es movilizable para desarrollar proyectos que incrementan la actividad económica cuando está depositado en los bancos. Con palabras del británico **Bagehot**: «(...) hay mucho más dinero en los bancos franceses y alemanes, y en los países sin sistema bancario, que el que podía haber en Inglaterra o Escocia, donde se ha desarrollado el sistema bancario. Pero ese dinero no es, por decirlo así, dinero que esté en el mercado monetario, no es asequible. Así, solo grandes desgracias podrían haber sacado fuera del control de los franceses sus tesoros. Para cualquier otro propósito los bienes atesorados no serían útiles, y podrían no haber sido conservados. Nuestra gente es más atrevida gestionando el dinero que cualquier nación continental y, aunque no fueran atrevidos, el simple hecho de que esté depositado en un banco lo hace más fácil de obtener. Un millón en manos de un banquero es un gran poder, lo puede prestar de una vez donde quiere, y los prestatarios le pueden buscar porque saben o creen que lo tiene. Pero la misma suma en importes de decenas o centenas a lo largo del país no significa en absoluto poder. **La concentración de dinero en los bancos, aunque no sea la única razón, es la razón principal que ha hecho al mercado monetario de Inglaterra tan rico, mucho más que los de otros países.**»*

La relación entre la Administración y el banco.

Las administraciones públicas establecen normas muy detalladas para el sector financiero. Estas normas afectan a múltiples aspectos de las instituciones: los relacionados con la contabilidad y la información, con los diferentes índices de capital, solvencia, liquidez o cualquier otro; hay obligaciones que favorecen la transparencia de la información y la protección del cliente, de actuación en los mercados, o de prevención del blanqueo de dinero. Los motivos de tanta regulación son múltiples: protección de los ahorros de los clientes, del funcionamiento del sistema de pagos, aseguramiento de la solvencia de las entidades o fomento de la competencia son algunas de ellas. El hecho de que en la banca esté el dinero y en la Administración la capacidad de dictar leyes, el poder político, así como la obligación de atender el interés general, ha dado lugar a diferente tipos de normas a lo largo del tiempo, de las cuales algunas, con sus modificaciones, se han mantenido y otras han desaparecido.

—

La Administración puede intervenir por diversos caminos. Según Robert C. Merton (Operation and Regulation of Financial Markets, by Peter Englund. Conferencia de **Robert C. Merton**. *Stockholm School of Economics, 1992) las funciones generales de la Administración respecto al sistema financiero son promover la competencia, asegurar la integridad del mercado incluyendo la protección contra el riesgo sistémico y los grandes riesgos, y promover, en este aspecto, el bien público, para mejorar así el desarrollo de su función por los intermediarios financieros. Los caminos mediante los que desarrolla sus funciones son varios, y no solo la emisión de normas:*

«Hay cinco categorías para clasificar los caminos por los cuales el gobierno influye en la intermediación financiera: **primero, como participante en el mercado** *al igual que los operadores privados, como en las operaciones de mercado abierto;* **segundo, como impulsor de la industria** *o favorecedor de la innovación apoyando el desarrollo de, o creando directamente, nuevos productos financieros o mercados, como las titulizaciones hipotecarias, bonos indexados, o cuentas de ahorro múltiple;* **tercero, como legislador** *o reforzador estableciendo normas y restricciones respecto a los intermediarios financieros y mercados, como requerimientos*

de capital mínimo, restricciones de activos, obligaciones de información, límites de garantías, rompiendo circuitos, y patentes sobre productos; **cuarto, como un negociador**, *representando a sus ciudadanos en situaciones ante otros estados cuando se involucran los intermediarios financieros o los mercados;* **quinto, como un participante involuntario** *que cambia regulaciones societarias, fiscales u otras leyes o políticas que a menudo tienen efectos para la industria de servicios financieros que no eran intencionados ni podían ser anticipados.»*

La regulación bancaria, citada en el texto de Merton como el tercero de los medios por el que la Administración influye en el sistema, establece, por ejemplo, los fondos de garantía de depósitos. Se trata de redes de seguridad que protegen, dentro de ciertos límites, los depósitos de los clientes de una institución en caso de quiebra, y evitan pánicos masivos dentro del sistema. Si una entidad no puede devolver el dinero a los ahorradores, la Administración podría tomar la gestión del banco para reconducir los problemas; entre las medidas para disminuir las pérdidas, se encontrarían la venta ordenada de activos no esenciales o la de la propia institución.

El conjunto de ambos factores, la garantía a los depositantes y la toma de la gestión de la entidad afectada implica a nivel global que:

✓ Habrá algunas entidades que se considera que son demasiado grandes para dejarlas caer, puesto que su quiebra perjudicaría la estabilidad general del sistema financiero. Son las entidades *too big to fail*.

✓ La propia existencia de un mecanismo de garantía de depósitos disminuye el riesgo general (porque muchos pequeños y medianos ahorradores saben que este fondo devolverá su ahorro en última instancia) lo que hace que las aportaciones a él se parezcan más a un impuesto que propiamente a un seguro de depósitos.

Otro de los objetivos de la regulación es determinar qué condiciones debe cumplir una entidad que pretenda recibir depósitos del público y otorgar préstamos. Son requerimientos de solvencia, técnicos y organizativos; se establecen unos procesos de autorización y control de las entidades, así como de información periódica y supervisión.

La protección a los consumidores, que es uno de los grupos de *stakeholders*, es otro objetivo normativo relevante; se encuentran en vigor, por ejemplo, normas de conducta en el mercado y actuación cuando se posee información privilegiada y aún no pública respecto a un cliente, o tiene lugar un conflicto de interés con él, o simplemente para dotar de transparencia a la información que se ofrece.

—

La regulación ha establecido con frecuencia un régimen de **separación de los bancos comerciales, que son los dedicados principalmente a la captación del ahorro de los clientes y su conversión en préstamos, respecto a la banca de inversión**; *la banca de inversión analiza las necesidades de financiación de las empresas y las satisface mediante instrumentos financieros que son vendidos a los inversores finales. Esta banca no retiene, habitualmente, importes significativos de préstamos en su propio balance. La separación de los dos tipos de banca ha vuelto a surgir durante la crisis, copiamos, por su claridad en la descripción, una nota de Diario Montañés de 13/09/2011, «las entidades financieras británicas tendrán que separar sus actividades de banca comercial de las de inversión y aumentar la proporción que guardan de capital, según las recomendaciones de una comisión que ha estudiado las reformas necesarias para dar estabilidad al sector y evitar que los contribuyentes tengan que pagar nuevos rescates. El informe (...) confirma la obligación de los bancos de separar —con sus propios consejos de administración y diferentes normas de provisión de capital— la banca al detalle de depósitos y préstamos y la de inversión, que abarca desde el asesoramiento en fusiones al gran comercio en monedas o en contratos derivados de seguros. El argumento para exigir esta división se basa en que la banca comercial no puede caer —el Gobierno ya movilizó cerca de un billón de libras y quedó como propietario del 84% del Royal Bank of Scotland y del 41% de Lloyds para sostener las operaciones bancarias, tras el desplome de 2008—, pero la de inversión, de enorme talla en el centro financiero británico, representa menos riesgo para la estabilidad del sistema.»*

—

La regulación financiera influye en la realidad a la vez que la propia realidad, en un proceso de globalización, internacionalización e incremento del uso de la tecnología, obliga a una adaptación permanente de las normas o a la creación de nuevas, pudiendo llegar a producirse auténticas tormentas legislativas. La regulación, por ejemplo, favorece la competencia, la competencia obliga a dictar normas de protección del consumidor y la supervisión se debe incrementar para asegurar el cumplimiento de esa normativa. Otro ejemplo: la tecnología favorece la globalización, que debe ser consiguientemente regulada, lo que obliga a la creación de criterios comunes entre los diferentes países a través de mecanismos de coordinación supranacional. Los supervisores financieros de los diferentes países tienen un grado de coordinación cada vez mayor para evitar, entre otras cosas, que no queden bancos que no estén sujetos al control de una autoridad financiera reconocida y que las grandes entidades con presencia en varios países se encuentren correctamente supervisadas.

Parada y fonda.

La materia prima del proceso de producción de estas entidades es el dinero, algo sencillo, fácil de entender, que pertenece a los ahorradores y que todo el mundo quiere. Un banco debe transformar eficientemente ese ahorro en inversión, y, en torno a este objetivo principal, se estructuran diferentes conceptos, como piezas de un sistema que deben mantener un equilibrio correcto para que esa función se lleve a cabo.

Transformar el ahorro en inversión supone captar ahorro que al ahorrador le ha costado conseguir y que antes o después hay que devolverle. Buena parte de la regulación bancaria tiene como objetivo hacer posible y más seguro el cumplimiento de esa obligación. Los ahorros recibidos hay que invertirlos para obtener rentabilidad; habrá que mantener una parte de ellos en liquidez por diferentes motivos, pero no más allá de la necesaria.

Se efectúan préstamos, a personas o empresas que presenten proyectos de inversión que vayan a generar, previsiblemente, un retorno que permita pagar los intereses y conseguir una rentabilidad para el empresario. El préstamo es el producto final: se venden préstamos. Un préstamo es el intercambio de un desembolso actual por un compromiso de reembolso futuro; se cambia una acción actual real, la entrega de dinero, por la promesa de una acción futura, el pago de intereses y la devolución del importe entregado, que podría no llegar a cumplirse. Dotar de la mayor certeza posible a ese compromiso es el objetivo de la gestión de riesgos que realiza todo banco.

El banco se interpone entre ahorradores y prestatarios. *Se interpone* significa que su obligación directa es devolver el dinero a los ahorradores, con independencia de que el préstamo sea reembolsado de acuerdo a lo estipulado. A su vez, los prestatarios le deben dinero a la entidad, no a cada ahorrador final. La entidad debe asegurarse, no solo de que los préstamos, uno a uno, son razonables, sino también de que lo son analizados globalmente, evitando, por ejemplo, concentración excesiva por tipos de cliente o producto, zonas u otras características. Al financiar a sus clientes analiza el riesgo, no solo de cada uno de ellos, sino de la totalidad, de su cartera de préstamos.

El riesgo lo puede analizar utilizando varias técnicas, que a menudo simultaneará. Puede utilizar la información financiera, mejor si es auditada, pública y desglosada con un cierto detalle, o acudiendo a la información disponible sobre el comportamiento crediticio del cliente en el pasado. El riesgo se puede analizar evaluando determinados parámetros clave cuando se trata con colectivos muy homogéneos y otorgando una calificación crediticia, el *credit scoring*. O mediante el conocimiento directo e indirecto del proyecto, del cliente, sus gestores y accionistas. El banco puede pedir que se le otorguen garantías que, en caso de ser ejecutadas, cubran el importe previsible de la deuda.

En ***El Mercader de Venecia*** *nos encontramos con que Bassanio no tenía liquidez y tampoco era solvente. Recurre a Antonio, que sí es solvente, puesto que tiene unos barcos con mercancías en camino, pero tampoco tiene liquidez. Recurren entonces a Shylock, a quien desprecian, pero que sí tiene liquidez. Shylock conoce la solvencia de Antonio y, con su garantía, acepta prestar el dinero a Bassanio. Formaliza entonces la garantía por parte de Antonio; la formaliza ante un fedatario público, y le añade lo que no sabemos si es un tipo muy especial de interés de demora o un segundo aval:*

Shylock a Antonio: «*Venid conmigo a casa de un notario, me firmaréis allí simplemente vuestro pagaré, y a manera de broma será estipulado que, si no pagáis tal día en tal lugar, la suma o las sumas convenidas, la penalidad consistirá en una libra exacta de vuestra hermosa carne, que podrá ser escogida y cortada de no importa qué parte de vuestro cuerpo que me plazca.*»

Las entidades deben financiar los mejores proyectos de inversión de sus clientes, que son los que generan una rentabilidad fiable y adecuada y que encajan en su política de distribución de riesgos. Los riesgos de los múltiples préstamos otorgados por la institución se deben compensar para que el riesgo total de la cartera sea el menor posible. El banco tendrá criterios de diversificación por tipo de cliente, por actividad o finalidad, o por zona geográfica; evidentemente una política general de diversificación generará políticas de tipos de préstamo específicos en cada momento.

La interposición entre las dos partes que realiza el banco solo se puede llevar a cabo si suscita confianza y los ahorradores perciben su solidez y conducta en el mercado; la mejor forma de transmitir solvencia, financiera y de gestión, es ser realmente solvente. La solidez es el objetivo de las normas que determinan el capital mínimo que han de tener las entidades, capital que está en relación con los riesgos que asumen. La conducta correcta en el mercado es el objetivo de las normas de información, transparencia y supervisión.

La conversión de ahorro en inversión ha de ser eficiente, entendiendo por ello que el coste de conversión de ahorro en inversión sea el menor posible dentro de la estrategia de distribución de cada entidad, es decir, manteniendo la calidad dentro de los parámetros que cada entidad defina y asumiendo el menor riesgo operacional posible. Estos dos aspectos combinados nos dicen algo evidente: los ahorros recibidos deben dedicarse exclusivamente a actividades financieras.

Hay otras alternativas de inversión en las que la institución financiera no es parte directa, sino simplemente intermediaria, cobrando comisiones por sus servicios. Los fondos de inversión o pensiones, o la inversión en Bolsa están entre ellos; el riesgo en estos casos lo asume el cliente inversor, y no la entidad.

A todo esto, el banco pertenece a alguien, a los accionistas. Los accionistas tratan de conseguir una rentabilidad económica, para lo que comparan la rentabilidad que obtienen con sus acciones con la que obtendrían realizando otras inversiones. Los encargados de conseguir esta rentabilidad son los gestores de la sociedad, por lo que, para estar seguros de que los gestores busquen ese mismo objetivo, se establecerán sistemas de compensación que consigan esa alineación de intereses. La actividad del banco afecta a otros grupos de personas, como proveedores, empleados o clientes, pero la influencia relevante en la dirección de la entidad la tiene su propio equipo directivo, guiado por los intereses de los accionistas.

Sobre estos elementos están constituidos los bancos de nuestro entorno. Veamos ahora si hay elementos provenientes de otras experiencias más lejanas que podamos aprovechar.

2. OTROS TIPOS DE ACTIVIDADES BANCARIAS. MICROFINANZAS

Hasta ahora hemos visto para qué vale y cuáles son los elementos más importantes de un banco convencional. Pero sabemos que a una entidad así solo acuden los clientes que se lo pueden permitir. Hay otros modelos de banca que nacieron para dar servicio a las personas a las que no harán caso en ese banco convencional. ¿Cómo son esas otras instituciones, cómo funcionan, en qué se diferencian? ¿Qué podemos aprender de ellas? Hay muchos sistemas de los que podemos aprender y nos proponemos echar un vistazo a varios de ellos, el bengalí del Grameen Bank, los europeos de Triodos, Oiko y Fiare, y un par de modelos basados en internet, Prosper y Kiva.

—

The Grameen Bank

Ya sabemos que Muhammad Yunus visitó la aldea de Jobra, identificó el caso de Sufia Caton, que estaba atrapada en el préstamo, que, para comprar la materia prima, necesitaba solicitar a la misma persona a la cual posteriormente vendería el producto manufacturado; este prestamista fijaba el tipo de interés del préstamo y el precio del producto final dejando por diferencia a la mujer una cantidad mínima para su subsistencia. Las necesidades financieras de las personas de la aldea en igual situación eran de 27 dólares. Yunus prestó el dinero de su bolsillo a esas personas, y el importe le fue devuelto en su totalidad. A continuación trató de convencer a los bancos de la zona de que realizaran este tipo de operaciones, pero no lo consiguió. Yunus se convenció de que la banca para los pobres no se podía realizar a través de las instituciones bancarias formales, por lo que era necesaria la creación de una institución especializada.

Así nació Grameen Bank, un banco creado para ayudar a la gente a salir de la pobreza. ***Grameen* significa pueblo o aldea en bengalí.** Fue formalmente creado, tras el correspondiente proceso administrativo, por una ley especial en 1983. Esta norma establecía que la entidad podría otorgar créditos, con o sin garantías, según las condiciones que pudieran ser adecuadas, a personas sin otras propiedades, para todo tipo de actividad económica, incluida la vivienda. También podía aceptar depósitos, emitir bonos y tomar prestado dinero para sus propias actividades. En definitiva, Grameen podía desarrollar las actividades de intermediación bancaria de manera adecuada a su clientela, que eran los pobres.

Los *pobres* a los que se dirige Grameen es un concepto no solo técnico, sino, sobre todo, real: se dirige a una comunidad rural, sin acceso a servicio financiero de ningún tipo, muy expuesta a desastres naturales y con un bajo nivel de alfabetización. En esta sociedad la mujer tenía un papel secundario, caracterizado por una actuación restringida en público y por tradiciones como la dote o el matrimonio de menores. **El público objetivo de Grameen estaba expresamente determinado: hogares que poseen un terreno cultivable de mediana calidad con una superficie menor a medio acre (unos dos mil metros cuadrados), o que posean un patrimonio cuyo valor no exceda el de un acre de igual tierra.** El público objetivo inicial son los pobres así definidos, no los pequeños propietarios, los comerciantes marginales o las personas cercanas a la pobreza, sino quienes realmente se encontraban en esa situación. Puesto que el objetivo de la institución financiera era sacarlos de la pobreza, había que definir cuándo se consideraba que esto se había conseguido; así, Grameen creó en una fase temprana diez indicadores de carácter muy básico (por ejemplo, si la casa tenía letrinas, o la familia ropa de abrigo) para indicar cuándo una familia había salido de la pobreza.

Grameen pronto entendió que las personas con las que trataba no eran solo *clientes*, sino que debían ser, además, *miembros* del banco. Se relacionaba con ellos a través de los grupos de prestatarios, que se reunían para proceder al pago semanal de las cuotas del préstamo, y que también desarrollaban otras funciones. Ya que el objetivo declarado era sacar a los pobres de su situación, había que cambiar los valores y comportamientos sociales, y hacerlo con la implicación de esos clientes, convertidos en integrantes de la entidad.

A través de un largo proceso interno de de elaboración **los miembros de Grameen tomaron en 1984 las 16 Decisiones**, *de evidente carácter personal, familiar e incluso comunitario; el carácter comunitario se manifiesta en que algunas de las decisiones se refieren al «centro», al lugar donde se reúnen varios grupos de prestatarios, y por ello a ese conjunto de grupos. Estas 16 Decisiones son:*

1. *Los cuatro principios del Grameen Bank son: la disciplina, la unidad, el coraje y el trabajo duro en todos los caminos de nuestra vida.*
2. *Traeremos prosperidad a nuestras familias.*
3. *No viviremos en casas ruinosas. Arreglaremos nuestras casas e intentaremos construir otras nuevas lo antes posible.*
4. *Cultivaremos verduras durante todo el año, de las cuales comeremos en abundancia vendiendo el sobrante.*
5. *Plantaremos el mayor número posible de plantas con semillas durante la estación de la siembra.*
6. *Planificaremos formar familias pequeñas. Minimizaremos los gastos. Cuidaremos nuestra salud.*
7. *Educaremos nuestros hijos y nos aseguraremos de que podamos ganar lo suficiente para sufragar su educación.*
8. *Mantendremos siempre a nuestros hijos y nuestro entorno bien limpio.*
9. *Construiremos y utilizaremos letrinas.*
10. *Beberemos agua de pozo. Si no está disponible, herviremos el agua antes de beberla o la purificaremos.*
11. *No aceptaremos dotes en la boda de nuestros hijos varones ni tampoco daremos dotes para la boda de nuestras hijas. Mantendremos el centro alejado de la maldición de la dote. No practicaremos el matrimonio infantil.*
12. *No trataremos a nadie injustamente, ni dejaremos que otro lo haga.*

13. *Haremos mayores inversiones colectivamente para obtener mayores ingresos.*
14. *Siempre estaremos dispuestos para ayudar a los otros. Si alguien tiene dificultades lo ayudaremos entre todos.*
15. *Si tenemos conocimiento de algún incumplimiento de la disciplina en algún centro, iremos todos y ayudaremos a restablecer el orden.*
16. *Introduciremos ejercicios físicos en nuestros centros. Participaremos en todas las actividades sociales colectivamente.*

Los préstamos en Grameen

La cumbre del microcrédito de 2002 definiría a los microcréditos como pequeños préstamos destinados a personas pobres para proyectos de autoempleo generadores de renta. El concepto pervive desde el principio: el producto base de la entidad era el préstamo. Se trataba de un **préstamo sin garantía y con una devolución semanal de cuotas,** para favorecer así la percepción de que el dinero había que devolverlo. ¿Cómo gente dispersa, que vive en diferentes aldeas, sin medios, sin alfabetizar, cumple este compromiso? ¿Cómo se asegura que comprendan lo que han pagado y lo que les queda, que las cuentas estén claras para todos y no haya dudas, que el dinero no se robe, que la gente reembolse? Los miembros de Grameen se organizaron para ello mediante los grupos de prestatarios. Estos grupos tenían como finalidad no solo recolectar en público los pagos semanales de las cuotas, sino que actuaban como un mecanismo de integración y mejora de las colectividades. Tras varios intentos de prueba y error quedaron constituidos por cinco personas de familias diferentes y con perfiles personales, tanto en lo económico como en lo familiar, similares, para evitar así que una persona pudiera adquirir preponderancia entre ellos. El grupo elegía a su presidente y a su secretario. Sus componentes pasaban por un entrenamiento, que incluía no solo las normas de la institución, sino también unos principios de comportamiento o normas de conducta, las *16 Decisiones,* que fueron creadas por estos grupos.

Los préstamos se otorgaban inicialmente a las dos personas más necesitadas, a continuación a los dos siguientes y en último lugar al presidente. El funcionamiento del grupo reducía por sí mismo los problemas de asimetría de la información entre banco y cliente de un banco clásico, pues los miembros del colectivo se conocen y excluyen a aquellos de riesgo excesivo o desconocido; se reduce también el riesgo moral, el de que el dinero se destine a una finalidad diferente de la prevista, y los integrantes ejercen una presión mutua para conseguir el pago en tiempo de las cuotas. El pago habitual permitía la disponibilidad de nuevos y mayores límites.

Se estableció que cualquier tipo de operación durante esas reuniones debería realizarse ante todos, para reducir los riesgos de corrupción o malos entendidos y favorecer la responsabilidad mutua de todos los presentes.

Existía también un sistema de ahorro periódico. Se establecía la obligación de depositar una cantidad semanal en una cuenta de ahorro y, adicionalmente, el 5% del importe se entregaba, como una especie de impuesto, constituyendo, junto con el ahorro semanal, un fondo a disposición del centro, que se remuneraba a un determinado tipo de interés. De este fondo solo se podía disponer en determinadas condiciones y siempre que el grupo aprobase el uso del préstamo al que se proponía destinar. Había además otras obligaciones de ahorro e inversión, como pagar un porcentaje del interés a un fondo para emergencias o comprar una acción del banco.

El préstamo para vivienda se otorgaba exclusivamente a las mujeres. El terreno en el que se construye la vivienda debía estar a nombre de la mujer. Grameen impuso esta condición para evitar que la mujer pudiera ser expulsada de su vivienda en caso de divorcio, teniendo en consideración que en el Bangladesh rural era aceptado el que el hombre musulmán pudiera divorciarse diciendo a su esposa tres veces simplemente *me divorcio de ti* y que, pese a su falta de validez jurídica, este divorcio era socialmente aceptado.

———

Grameen identificó que el préstamo otorgado a la mujer era más efectivo, según indica Yunus en su libro El Banquero de los Pobres: «cuanto más dinero prestábamos a mujeres pobres más me daba cuenta de que el crédito concedido a una mujer produce cambios más rápidamente que el que se concede a un hombre (...) las mujeres pobres saben ver más lejos y están dispuestas a trabajar más para sacarse a ellas mismas y a sus familias de la pobreza (...) el dinero que entra en un hogar a través de una mujer reporta más beneficios para la familia en su conjunto.»

Los préstamos se concedían inicialmente por el plazo de un año con devoluciones mediante 52 cuotas semanales y estaban dedicados a actividades familiares o agrícolas que generasen rentabilidad, como producción de leche, engorde de ganado o cosechas. Con el tiempo se fueron creando otros tipos, apareciendo en 1984, y generalizándose en 1987, el préstamo para vivienda. Se trataba siempre de préstamos que debían tener una finalidad identificada y generadora de ingresos, pero la entidad no analizaba la capacidad de los clientes para desarrollar la actividad indicada, sino que la daba por supuesta. Se añadió como posible finalidad la vivienda por estimar que se podía utilizar para actividades de manufactura o almacén, y porque constituía un refugio frente a desastres o problemas de salud; esas construcciones debían cumplir unos parámetros mínimos de calidad.

La cultura musulmana de Bangladesh no acepta el cobro de intereses; esta prohibición procede de la *sharia* y tiene como objetivo proteger a las personas pobres contra a la usura. El hecho de que los pobres fueran accionistas del banco permitía, sin embargo, cobrarles interés, pues al ser propietarios de la entidad prestadora, el interés se paga a la empresa que ellos mismos poseen, por lo que, en realidad se pagan a sí mismos.

Grameen rediseñó sus préstamos en 2001, pasando a la etapa denominada Grameen II. En esta etapa el tipo de préstamo principal pasó a ser el *préstamo básico*, cuyo límite se podía incrementar de dos maneras, por un lado ajustándolo a un determinado porcentaje sobre los ahorros del cliente y, por otro lado, permitiendo un incremento anual paulatino según el historial de repagos del cliente.

Se diseñaron también unos **préstamos flexibles para ajustar los pagos de las personas que no podían cumplir con las cuotas**. Debido a su diseño como tales productos flexibles se podía adaptar la cuota a las posibilidades del miembro con problemas, pero los incrementos de límite obtenidos hasta entonces quedaban sin validez hasta que el cliente volviera a tener un buen historial de pagos. En este contexto se modificó el papel de los grupos, cuyos miembros dejaron de asumir responsabilidad directa unos por otros y centraron más su papel en un desarrollo social, de apoyo y comunicación, así como de identificación de posibilidades de negocio, mientras, significativamente, seguían controlando la transparencia de los pagos.

En la banca clásica el prestatario sabe que, si no paga lo que debe al banco, este iniciará un proceso que finalmente podrá acabar en los tribunales de justicia que dictarán embargos o promoverán la ejecución de avales o hipotecas. Eso no existe en instituciones como Grameen, por lo cual la pregunta es: **¿por qué pagan?** El propio Yunus indicó que había algunos casos de miembros que no hacían frente a sus cuotas deliberadamente, aunque había signos externos u otras fuentes de información que indicaban que disponían de dinero para pagar lo debido, pero que, pese a esos casos, la mayoría de las veces el impago se producía por circunstancias ajenas al control del prestatario, como enfermedades en la familia; en ese caso podría ser muy perjudicial para el cliente presionarle para el pago sin ofrecerle alternativa. El cliente se vería perjudicado tanto en lo financiero (al tener que dedicar a estos reembolsos cantidades quizá previstas para gastos en educación o alimentación) como socialmente, al ser percibido como incumplidor. El lanzamiento de los préstamos flexibles fue una reacción ante esta situación. Este tipo de contratos facilitaba que el deudor, reajustada la operación a menores cuotas, reconstruyera poco a poco su historial y capacidad de acceder a mayores límites de crédito.

En todo caso, la entidad ha establecido normas sobre cómo actuar cuando un cliente no atiende las cuotas. Se han creado diferentes procedimientos a lo largo del tiempo, como, por ejemplo, los sistemas de incentivos por recobro o el establecimiento de competiciones entre oficinas.

Pero el hecho sigue siendo llamativo: los clientes pagan en proporción igual o superior a la que lo hacen los clientes de la banca convencional.

—

*Los que han analizado el caso de Grameen indican que los prestatarios pagan (Asif Dowla y Dipal Barua): «**El hecho de que los pobres siempre devuelven el préstamo ha sido probado de manera concluyente**. La pregunta obvia es por qué es esto así. Los economistas han tratado de resolver esta pregunta; la respuesta depende obviamente de la naturaleza del modelo propuesto por los teóricos. La teoría económica propone una serie de factores: los pobres pagan porque el grupo en su totalidad es responsable de los préstamos individuales (contrato con responsabilidad solidaria), la devolución de un préstamo se ve recompensada con préstamos mayores (incentivos dinámicos), el impago se ve socialmente penalizado (garantía social) y las cuotas son pequeñas y frecuentes ("un poco de cada vez") (...) Es interesante saber que los profesionales saben que los pobres siempre pagan; lo ven cada día y no necesitan el análisis de los teóricos para convencerles de que es verdad (...) Pero sigue la pregunta de por qué los pobres pagan. La contestación más obvia es que es en su propio interés. **Las instituciones microfinancieras como Grameen son la fuente más barata y segura de préstamos para los pobres, que no quieren arriesgarse a perder esta opción**.» A estos factores otros estudios añaden como muy importante la gran proporción entre los prestatarios de mujeres, más responsables que los hombres a la hora de pagar.*

—

"(...) las mujeres pobres saben ver más lejos y están dispuestas a trabajar más para sacarse a ellas mismas y a sus familias de la pobreza (...) el dinero que entra en un hogar a través de una mujer reporta más beneficios para la familia en su conjunto."

Se financia a personas pobres del área rural de Bangladesh, que es un país afectado con cierta frecuencia por catástrofes naturales. El 30 de abril de 1991, un ciclón alcanzó el sur del país, iniciándose de noche y con la población durmiendo, y murieron más de cien mil personas. Tras ello, Grameen suspendió las condiciones habituales de sus préstamos para vivienda declarando que intentarían ayudar a que sus miembros levantaran casas mejores que las destruidas. Estas acciones, como un factor más dentro de la iniciativa general, fueron efectivas y permitieron que muchas personas volvieran a poner en funcionamiento sus pequeños negocios e incluso a devolver cuotas simbólicas de los préstamos. La entidad pudo contribuir a la capacidad y los esfuerzos de recuperación de sus afiliados.

¿Los pobres tienen dinero? La respuesta obvia es no. O la pregunta debe ser matizada: ¿los pobres tienen posibilidad de ahorrar y gestionar, de acuerdo con sus necesidades, el dinero que pudieran tener? Grameen estuvo inicialmente centrado en los préstamos y obligó a los clientes a invertir algunas cantidades en planes de ahorro personales y de grupo. Tradicionalmente, los ahorros que se pudieran realizar en el mundo rural pocas veces se depositaban en un banco: lo que se hacía era mantenerlos en billetes o monedas, comprar más provisiones, realizar mejoras de la casa, o adquirir terreno o ganado. Grameen II incluyó entre sus productos diversos sistemas de ahorro para estos fondos. En algunos casos se trataba de planes voluntarios (aunque favorecidos por el hecho de que facilitaran el acceso a mayores límites de crédito), de ahorro o de preparación de una pensión. En otros casos eran métodos de ahorro obligatorios. Los productos estaban habitualmente diseñados como planes de ahorro con compromisos de aportaciones predeterminadas. Lo más remarcable fue su éxito: los depósitos recibidos de los clientes permitieron reducir la dependencia de otras entidades para tener fondos para desembolsar sus préstamos; el disponer de un cierto ahorro ayudó a la propia población a sobreponerse a los desastres naturales.

A lo largo del tiempo Grameen incorporó más productos, como **los fondos de pensiones y los seguros; los seguros de préstamo** daban a sus clientes la tranquilidad de no dejar deudas tras su fallecimiento lo que, incluso desde la perspectiva de su fe, era muy importante. Los seguros también juegan un papel importante para amortiguar el riesgo de carteras de crédito concentradas en los mismos sectores y con parecida exposición a factores externos. Como parte de su involucración con su propia comunidad, la entidad también empezó a ofrecer financiación para la educación de los hijos de sus miembros.

En cuanto a la organización y su personal, el banco tiene una estructura piramidal: cada centro aglutina unos 6 a 8 grupos, cada sucursal unos 80 centros, agrupándose luego las sucursales en sucesivos niveles. En esta estructura piramidal cada unidad funciona como un centro autónomo de negocio, por lo que toma dinero prestado a la unidad en la que se integra y lo presta a sus clientes, debiendo con esto cubrir sus gastos. Los procesos de automatización y mejora en la fase Grameen II permitieron una reducción del tiempo administrativo de cada empleado y consiguientemente una capacidad de gestionar 500 prestatarios, 10 grupos, en lugar de 400 como hasta entonces. Y han de gestionarlos en una situación de cierta competencia con otras instituciones. La labor de un trabajador tiene múltiples vertientes, que van desde las relaciones humanas con personas en situaciones difíciles hasta la gestión de un negocio que debe ser rentable como tal, y que se enmarca en unos objetivos del banco con una clara motivación altruista. Esto genera un proceso de selección y formación duro, durante el que se producen bastantes abandonos, permaneciendo otros muchos durante largo tiempo en la institución, con una fuerte lealtad y dedicación al cumplimiento de sus objetivos.

Grameen y su modelo se extendieron paulatinamente, mediante programas que trataban de convencer a los bancos locales de la eficacia del modelo, hasta llegar a una competencia creciente con multitud de ONGs que proporcionan microcréditos en la misma zona.

—

En cuanto a su camino hacia la independencia financiera, en un determinado momento Yunus decidió pedir ayuda, como otras veces lo había hecho, a la Fundación Ford, indicando a sus consultores en 1981:

«—Necesito un fondo flexible. Necesito un fondo que pueda utilizar para hacer frente a los problemas que surgen en nuestro trabajo diario. También quiero ofrecer una garantía a los banqueros comerciales que nos apoyan para que no puedan echarse atrás en pleno proceso de expansión arguyendo que es demasiado arriesgado.

»(...) **La Fundación Ford accedió a facilitarnos 800.000 dólares como fondo de garantía. Yo les aseguré que nunca tendríamos que recurrir a él.**

»—El simple hecho de que esté ahí —les dije— obrará el milagro.

»Y fue así exactamente como funcionó. Depositamos los fondos en un banco de Londres y nunca retiramos ni una libra»

(Más adelante haremos referencia a un cuento de Mark Twain en el que unos vagabundos reciben un billete de un millón de libras y con solo mostrarlo, sin necesidad de realizar pago alguno, ven cómo la vida les cambia.)

El banco, que había nacido en 1976, renunció a solicitar más fondos de donantes en 1995, dejando de recibirlos en 1998. Con motivo de las inundaciones de ese año pidió determinados préstamos, que devolvió. La entidad ha arrojado beneficios todos los años excepto 1983, 1991 y 1992.

―

En torno al Grameen Bank se han creado diversas instituciones. Una es el **Grameen Trust, dirigido a promover y gestionar las subvenciones de donantes,** principalmente de grandes fundaciones. Grameen se propuso enseñar su modelo y ayudar a exportarlo a otros países y colectivos, para lo que organizó un sistema de trabajo mediante el cual esta entidad evaluaba los proyectos y los equipos, exportaba su experiencia y proporcionaba soporte, en tanto Grameen Trust conseguía los fondos necesarios para el lanzamiento.

Grameen, dentro de su objetivo de ayudar a la gente a salir de la pobreza, ha creado empresas o proyectos paralelos, entre los que destaca **Grameenphone.** Esta empresa proporciona servicio de teléfonos móviles en el área rural de Bangladesh. Es un área que, cuando se inició el proyecto, tenía una proporción de cobertura por teléfono móvil muy baja respecto a su entorno, así como una total imposibilidad, debido al alto coste, de implantar la telefonía fija. Una vez eliminado el monopolio en el sector, y con el apoyo principal de Telenor, compañía noruega de teléfonos móviles, se lanzó el proyecto. Al nivel rural se impulsó el lanzamiento del servicio a través de **telephone ladies**, mujeres en la parte más baja de la escala social para las que se diseñó un tipo de préstamo especial, junto con un programa que les permitía tener un teléfono, una disponibilidad de tiempo de comunicación y una escala de precios, todo lo cual hacía viable el negocio individual de proporcionar un servicio de cabina de teléfonos. Además de los aspectos relativos al negocio y la generación de actividad económica, esto influyó en un aspecto central de la actividad económica y financiera: **la información.** La mayor facilidad de comunicación permitió a los usuarios conocer los movimientos del mercado y de los precios, sus prácticas y sus tendencias; la expansión de estos servicios telefónicos redujo los riesgos de transferencias nacionales e internacionales, mejoró la preparación y reacción ante los desastres y permitió mantener los lazos familiares con los emigrantes a las ciudades. Internamente el banco mejoró su propio flujo de información.

En 2011 Yunus fue destituido por las autoridades como director gerente de Grameen; la razón oficial fue que excedía de la edad legal, pero da la sensación de que puede haber más explicaciones, como el crecimiento de la institución y sus empresas, el que fuera creado en base a una legislación especial que podría amparar cierta intervención pública o una breve incursión de Yunus en política. Esta es la noticia de Thomson Reuters de 2 de Marzo: «El banco central dijo que había retirado al premio Nobel Muhamad Yunus del puesto de director gerente del banco de microcréditos Grameen, tras las acusaciones de irregularidades en sus operaciones. (...) "Muhamad Yunus ha sido destituido", dijo el portavoz del gobernador del banco central (...).

Yunus, de 70 años, creó el banco Grameen y ha sido su director gerente desde 2000. Alabado en el extranjero por políticos y financieros, ha sido atacado desde el Gobierno del primer ministro Sheij Hasina desde finales del año pasado, después de que un documental noruego sugiriera que el banco evadía impuestos. Yunus ha negado cualquier irregularidad financiera y sus seguidores dicen que está siendo desacreditado por el Gobierno por una disputa con Hasina que se remonta a 2007, cuando intentó crear un partido político en un momento en el que Bangladesh estaba gobernado por un gobierno militar interino.

El martes, un portavoz del banco central dijo que se había enviado una carta al Ministerio de Economía pidiendo que Yunus se retirara del puesto de inmediato porque llevaba en él casi una década más de lo que la ley permite. (...) Yunus ha dicho que la junta directiva del banco, que está compuesta principalmente por prestatarios, le permite quedarse siempre que pueda llevar a cabo sus responsabilidades. El mes pasado, el ministro de Economía dijo que Yunus debería dimitir, ya que era "viejo y necesitamos definir el papel del banco y ponerlo bajo una regulación estrecha".

El propio Hasina ha llamado a Yunus "vampiro de los pobres" y ha criticado con dureza las prácticas del banco Grameen, especialmente después del documental noruego que acusa a la entidad de haber cambiado, por propósitos fiscales, los fondos proporcionados por la agencia noruega en los 90 de una entidad a otra. El documental generó críticas en Bangladesh y en el extranjero hacia Yunus, cuyo banco ha proporcionado aproximadamente 10.000 millones de dólares en pequeños créditos a personas, principalmente mujeres, para financiar negocios y ayudarles a salir de la pobreza. Una investigación del Gobierno noruego no halló pruebas de malversación de fondos o prácticas corruptas.

Yunus ha sido llamado a declarar en tres casos diferentes que afectan al banco Grameen en Bangladesh en el último mes.»

Si resumimos las líneas generales de Grameen nos encontramos con un modelo de banco que:

- ✓ llega a los clientes a través de una red social que impulsa cambios de comportamiento en la propia comunidad tratando de generar otras normas de conducta; esta red social se extiende más allá de la zona de influencia de las sucursales, puesto que los trabajadores se desplazan desde ellas a diversos centros en los que se concentran a su vez los grupos de prestatarios, cubriendo una extensa área rural.

- ✓ proporciona préstamos sin opción final de recobro forzado. En caso de producirse un impago se pueden ofrecer préstamos con menores cuotas, se genera presión social o se gestiona por un empleado, pero no existe la posibilidad real de ejecutar una garantía en tiempo y forma ante unos tribunales. El principal motivo por el que el cliente continúa pagando es mantener abierta la posibilidad de obtener financiación en el futuro.

- ✓ realiza préstamos finalistas para ser utilizados en la actividad que indica el cliente, cuya formación para esa actividad se presupone; la entidad diseña productos financieros muy a la medida de su comunidad.
- ✓ ha conseguido la independencia financiera.
- ✓ actúa como promotor de empresas paralelas, con evidente impacto económico, no solo directo sino indirecto, al, por ejemplo, mejorar la comunicación y el acceso a la información.

―

Triodos Bank

Triodos Bank NV se creó en Holanda en 1980. Sus finalidades principales son contribuir al desarrollo de una sociedad que fomente la calidad de vida y se centre en la dignidad humana y facilitar a personas, empresas y organizaciones un uso responsable del dinero proporcionándoles unos productos financieros acordes a esos fines, así como proporcionar un servicio de calidad.

El banco financia empresas, entidades y proyectos que aportan un valor añadido en el campo social, medioambiental y cultural. Esto lo hace gracias al apoyo de ahorradores e inversores que comparten conscientemente sus objetivos, optando por el impulso de empresas socialmente responsables y por la construcción de una sociedad más humana y sostenible.

Respecto a la propia organización, Triodos presenta en su memoria indicadores referidos, por ejemplo, al personal (porcentaje de mujeres en puestos directivos, gastos de formación por empleado, proporción entre mayor y menor salario) o al medio ambiente (impacto ambiental, emisión de CO_2 y su compensación).

Su enfoque puede llevar al banco a financiar sectores que otras entidades no quieren financiar, o al menos no sin garantías apropiadas. **Triodos solo financia empresas de la economía real**, para lo que ha elaborado un sistema de análisis que le permite verificar la adecuación de los proyectos con los objetivos de la entidad, así como comparar unos proyectos con otros. Sus criterios son:

- ✓ En primer lugar, establece los sectores que quiere financiar (***criterios positivos***), que son con preferencia los de naturaleza y medio ambiente (que incluye energías renovables, conservación de la naturaleza, agricultura ecológica, entre otros), cultura y bienestar (educación, actividades culturales, turismo y ocio sostenible) o economía social (microcréditos, cooperación al desarrollo, comercio justo, salud).
- ✓ En segundo lugar, establece criterios de exclusión (***criterios negativos***), por ser proyectos de empresas que participan en al menos un 5% en productos y servicios no sostenibles (como las industrias peletera, nuclear, armamentística o de tabaco) o con procesos de trabajo no sostenibles (casos de corrupción, dictaduras, experimentación con animales o infracción de derechos laborales fundamentales...).
- ✓ Y, en tercer lugar, **supervisa de manera especial el uso de los fondos**.

Triodos recaba información sobre la empresa a financiar, identificando su experiencia en el sector y sobre el proyecto, su viabilidad y la relación con las administraciones públicas o entidades sociales. La política de inversiones puede dar lugar a una concentración de los riesgos en algunos sectores mayor de lo deseable. La entidad mitiga este riesgo mediante un profundo conocimiento de los sectores en los que se especializa, una búsqueda de garantías para la cobertura de los créditos y a un seguimiento continuado de la solvencia económica de los clientes y del valor de esas garantías, entre las cuales se encuentran, por ejemplo, los anticipos o subvenciones concedidas o en trámite. El banco puede también mantener parte de sus fondos en deuda pública, o en otros activos diferentes de los préstamos, para conseguir un mayor equilibrio en su cartera.

En 2013 el grupo Triodos tenía concedidos en 3.545 millones de euros en préstamos. De ellos, cerca de la mitad (49,1%) lo eran a empresas relacionadas con el medio ambiente, el 28,8% al sector social (como los proyectos de salud y vivienda social), y el 14,7% a la cultura.

La política del banco es financiar las inversiones con los depósitos de clientes para que no sea necesario recurrir a financiación por parte de otras entidades, invirtiendo el sobrante en valores negociables de operadores de prestigio reconocido y alta solvencia.

Para garantizar la permanencia de su objetivo y vocación, es decir, para que estos no puedan cambiar si otras personas compran la mayoría de las acciones y así lo deciden, la entidad ha constituido un patronato que custodia y gestiona la totalidad de las acciones de Triodos. Este patronato emite un certificado acreditando al dueño la titularidad de sus acciones y se ocupa de vigilar la coherencia entre las actividades del banco y su misión y objetivos. Los derechos económicos pertenecen al titular de la acción, pero es ese patronato el que hace uso del derecho de voto. Los titulares de los certificados de depósito de las acciones pueden ejercitar determinados derechos en la junta de titulares. Las acciones no cotizan en Bolsa, sino que se compran y venden en un mercado privado.

El banco desarrolla su misión no solo recibiendo depósitos y otorgando préstamos, sino también por otros medios, entre los que destaca la creación de **fondos de inversión especializados, que permiten la financiación de actividades de mayor riesgo,** al ser este asumido directamente por los inversores. Su gama de fondos está disponible preferentemente a nivel europeo y para inversores institucionales; algunos de los fondos permiten la inversión directa en compañías cotizadas en Bolsa a las que se considera sostenibles.

¿Qué es la "sostenibilidad"?. La característica de sostenibilidad la asigna Triodos en base a un análisis que tiene en cuenta tres aspectos:
1. *Si el negocio principal se encuentra en una industria sostenible, si contribuye a un entorno más limpio, a la protección del clima o mejora la salud. Pueden ser actividades de industrias renovables, protección del medio ambiente o producción de medicamentos genéricos para países en desarrollo.*

2. Si la compañía se encuentra en otro sector diferente, se analiza mediante una serie de indicadores de sostenibilidad respecto a otras empresas de su sector.
3. Se excluyen determinados sectores (armamento, energía nuclear) y en otros casos se exigen políticas proactivas que eviten, por ejemplo, transferencia de labores de producción a países que no respeten los derechos de los trabajadores.

―

Las características generales de Triodos son, con las excepciones indicadas, prácticamente iguales a las de los bancos que hemos descrito anteriormente: recibe en depósito ahorros por los que paga intereses, financia proyectos, aunque en sectores determinados, que analiza, a los que requiere garantías y cobra un interés de mercado por ello. Pero **el banco también incorpora comportamientos altruistas**; por ejemplo, el cliente puede renunciar a una parte de los intereses donándolos a una ONG de su elección, o aportarlos para actividades sociales o medioambientales relacionadas con el producto (por ejemplo, por cada determinado importe de inversión se planta un árbol o se compensan determinadas emisiones de CO_2 por movimientos en tarjeta). La política de lucha contra el cambio climático se cumple financiando proyectos que contribuyen a ello, como los de reforestación, y comprando los correspondientes derechos de emisión; o incluso mediante la utilización de material reciclable

En resumen, el banco financia directamente a determinados sectores de la economía clásica, los que así selecciona. Tiene experiencia en esos sectores, y realiza las operaciones pidiendo las garantías habituales, tanto respecto al proyecto en sí como respecto a los prestatarios. Esto lleva a una escasa diversificación relativa de las operaciones. En cuanto a las inversiones de mayor riesgo, como las que puede realizar en países emergentes, las canaliza a través de fondos de inversión específicos en los que dicho riesgo lo asume el inversor. El banco tiene establecido un sistema de sindicación de acciones para asegurar que se mantiene permanentemente la coherencia entre la actividad del banco y sus objetivos iniciales.

―

En la práctica el banco trata de aplicar sus valores a través de diversos principios relacionados con empleados, clientes, proveedores, comunidad y medio ambiente. De manera general destacamos los principios de:

- ✓ *Diálogo con los grupos de interés, definidos como «el conjunto de personas, grupos y organizaciones con las que mantiene una relación de negocio o de otro tipo, y los define a través de tres grupos en particular. Esos grupos definidos son los clientes, las ONGs y los gobiernos, y los individuos y colectividades.*
- ✓ *Ética de negocio y gobierno corporativo, manifestado, por ejemplo, en informar sobre los resultados sociales utilizando parámetros de medición globalmente aceptados.*

Fiare

El 15 de Julio de 2014 el Banco de España procedió a la inscripción en sus registros de *Banca Popolare Etica, Sociedad Cooperativa per Azioni, Sucursal en España*. Se trata de la integración en España de la sociedad cooperativa italiana con el proyecto Fiare; este proyecto, de diez años de antigüedad, buscaba la creación de una entidad financiera de base cooperativa y era agente de Banca Popolare desde 2005, pudiendo como tal canalizar la captación de depósitos y de préstamos. Fiare podía realizar además otras actividades, como gestionar el aval directo de personas o entidades a necesidades de terceros o buscar fórmulas que permitieran sacar adelante proyectos de mayor riesgo. La finalidad de la sucursal, como la de las entidades que la integran, es, según su página web, «ser una herramienta al servicio de la transformación social a través de la financiación de proyectos de la economía social y solidaria y la promoción de una cultura de la intermediación financiera, bajo los principios de la transparencia, la participación, la democracia y el crédito como derecho.(…) los depósitos de ahorro de las personas y organizaciones que compartimos estos principios, sirven para financiar el desarrollo cooperativo, los valores transformadores, la agroecología, la cooperación al desarrollo, el comercio justo y la lucha contra la exclusión social.»

Los valores sociales mediante los que Fiare desarrolla su actividad se identifican expresamente dentro de su política de Responsabilidad Social Corporativa, que define la utilización de un parámetro de valor social y los grupos de interés a los que puede afectar su acción (trabajadores, accionistas, clientes, consumidores, proveedores, acreedores, comunidades locales y nacionales, asociaciones, instituciones públicas y generaciones futuras); respecto a estos grupos es necesario medir las consecuencias no económicas de las acciones económicas.

———

Fiare y Banca Popolare nacen con un fuerte componente social y cooperativista que se plasma, por ejemplo, en un Manifiesto de Banca Ética, al que de manera significativa se refieren como Manifiesto Político. Hacen referencia en él al concepto de ciudadanía activa y responsable, al pensamiento social basado en la justicia y la solidaridad, a los procesos que, como el voluntariado, involucren a todos los actores sociales, a la generación de capital social en general y a la búsqueda de un modelo sostenible. Sobre esa base, la intermediación crediticia es un instrumento de cambio, el ahorro un bien individual que puede contribuir al bien colectivo y el acceso al crédito, un derecho. Entienden que las finanzas están distorsionadas, han pasado a ser un fin en sí mismas y hay que contrarrestar la especulación financiera, mejorar la transparencia, separar la banca para la economía real de la especulativa y regular las finanzas éticas. Se trata de propiciar una nueva economía social y solidaria con desarrollo económico, cohesión social y tutela ambiental.

———

Las cooperativas de crédito obtienen depósitos de sus socios, están enfocadas a realizar actividades para ellos y tienen limitaciones para otorgar créditos a terceros, lo que, unido a su vocación territorial, hace que su cifra de activos esté cercana al volumen de sus depósitos de sus clientes. Las entidades financiadas han de desarrollar actividades en los ámbitos de cooperación internacional y comercio justo, economía social e inclusión, agroecología y energías renovables, valores sociales y culturales transformadores.

Esto es a su vez coherente con el estudio de crédito que realiza Fiare, con un doble análisis del mérito crediticio, el que se refiere a los aspectos no económicos del proyecto (incidencia social, tipo de sector, ética, etc.) y al aspecto económico-financiero.

—

Oikocredit

La institución financiera *Oikocredit Ecumenical Development Cooperative Society U.A* se constituyó en Holanda como una "**sociedad cooperativa que ofrece préstamos o invierte en el capital de instituciones microfinancieras, corporaciones y pequeñas y medianas empresas en países en desarrollo**. Oikocredit recibe financiación privada. Los miembros directos de la cooperativa son iglesias, organizaciones religiosas, socios del proyecto y las asociaciones de apoyo a Oikocredit; de forma individual se puede invertir a través de esas. Oikocredit paga a sus accionistas un modesto dividendo anual. Su objetivo es obtener recursos, principalmente en los países desarrollados, para canalizar fondos hacia proyectos que mejoren el nivel de vida en los países menos desarrollados.

—

*Tras haber citado a Shakespeare en otras páginas, ¿sería muy incoherente acudir ahora a la Wikipedia? Hagámoslo: «**Oikos, el equivalente al término "casa" en la Grecia Antigua**, es el conjunto de bienes y personas que constituía la unidad básica de la sociedad en la mayoría de las ciudades-estado (polis), e incluía a la cabeza del oikos (el telestai, generalmente el varón de mayor edad —el equivalente romano era el paterfamilias—), su familia extendida (varias generaciones además de la familia nuclear —esposa e hijos—), y esclavos, que vivían juntos en un marco doméstico. Los grandes oikos incluían extensas explotaciones agropecuarias trabajadas generalmente por los esclavos, las cuales eran también la unidad básica de la economía antigua.*

»El oikos funcionaba como una unidad económica y social autárquica, "era el centro a cuyo alrededor estaba organizada la vida", a partir del cual no sólo se satisfacían las necesidades materiales, incluyendo la seguridad, sino también las normas y los valores éticos, los deberes, obligaciones y responsabilidades, las relaciones sociales y las relaciones con los dioses.(...)

»Aristóteles describe el oikos como una "comunidad constituida naturalmente para la satisfacción de las necesidades cotidianas", cuyos miembros se definen como aquellos que han sido criados con un mismo alimento.»

Dentro del grupo de Oiko se encuentran dos fundaciones que cumplen papeles muy determinados:

- ✓ *Oikocredit International Share Foundation*, que permite la inversión en el capital de Oiko. Emite las participaciones en la cooperativa por un valor nominal de 200 euros; estas participaciones no tienen una rentabilidad asegurada, si bien el objetivo, frecuentemente conseguido, es tratar de que sea el 2%.
- ✓ *Oikocredit International Support Foundation*, cuya finalidad es movilizar donaciones que permitan pagar los costes del modelo, es decir, aquellos costes que una institución financiera no tendría, como la ayuda a las personas e instituciones que llevan los proyectos sobre el terreno, la asistencia técnica o de consultoría a las asociaciones, o la asistencia personal de los responsables de los proyectos y sus asociados a las reuniones, y sus desplazamientos.

Al ser su objetivo contribuir a sacar de la pobreza a las personas, Oiko ha elaborado indicadores para medir la eficacia de sus proyectos. Así, por ejemplo, ha diseñado junto con Grameen un índice para medir el nivel de pobreza de las personas y las comunidades. Este índice, denominado, *Progress out of Poverty Index* (PPI), se construye analizando diferentes variables, como son el tamaño de la familia, el tipo de vivienda, el número de niños que asisten a la escuela y otras, integrándolos en modelos de análisis ya preparados y comparando el resultado con la situación en el país o sociedad.

Oiko financia directamente proyectos de desarrollo y también invierte en bonos de alta calidad crediticia que permiten desarrollar actividades socialmente responsables. Esta cartera de bonos incluye títulos dedicados a financiar actividades de desarrollo emitidos por estados, bancos o corporaciones reconocidas y eficaces; estos títulos deben ser calificados por agencias de *rating* con nivel de alta calidad (*investment grade*) y deben representar inversiones con un alto componente social y ético, el cual debe ser asimismo verificado por una agencia específica. La cartera de bonos cumple un objetivo adicional, que es el de conseguir una cartera de activos equilibrada que disponga de margen suficiente para cubrir sus necesidades de liquidez.

Al analizar las propuestas de financiación se identifican, entre otros aspectos, las garantías que se pueden aportar al proyecto, estableciéndose límites de riesgo por país, región, *project partner*, grupo de compañías y otros aspectos. La *International Support Foundation* en paralelo a la propia cooperativa de crédito, proporciona en ocasiones fondos a los *project partners* y les ayuda para mejorar su propia capacidad. Esa colaboración permite implantar, por ejemplo, los principios del comercio justo desde la propia producción local, garantizando un precio mínimo a los productores.

La sociedad otorga básicamente préstamos, haciéndolo en más de un 80% a instituciones microfinancieras y el resto a empresas sociales (de comercio justo, cooperativas o empresas agrícolas). Se mide las inversiones en países de bajos ingresos (cuyo PIB per cápita es inferior a 1035 dólares) que crecieron de 78 millones de euros en el 2012 a 94 millones en el 2013. La entidad establece criterios de diversificación de riesgos entre las instituciones más consolidadas, esto es, de mayor tamaño y antigüedad, y a menudo con más beneficios, y las nuevas, más pequeñas y con mayor nivel de riesgo y necesidad de fondos.

La forma jurídica de Oiko es la de sociedad cooperativa, por lo que sus acciones (participaciones) no cotizan en mercados organizados, sino que, si se solicita su reembolso, este lo efectúa la propia sociedad al cabo de unos plazos preestablecidos y por su valor en libros. De hecho, lo que los inversores reciben son certificados de depósito emitidos por la fundación, certificados que indican que el importe se invertirá en acciones de Oiko, traspasando los derechos económicos al inversor.

Los accionistas principales son organizaciones eclesiales y paraeclesiales de Europa Central. A los inversores ajenos a estas organizaciones se les requiere coherencia con los objetivos de la entidad, lo que por otra parte viene determinado por la propia estructura de la inversión a través de la fundación.

Como la entidad proporciona fondos en diferentes divisas, tiene establecidos mecanismos para disminuir el riesgo de cambio de divisa y proteger el valor de la acción; entre estos mecanismos se encuentra la emisión de acciones en diferentes divisas.

Oiko no abre cuentas corrientes ni acepta depósitos de los ahorradores. Se desarrolla una política activa de búsqueda de accionistas (al menos para sustituir a los que deciden dejar de serlo), de obtención de donaciones y de consecución de acuerdos con diferentes instituciones, para conseguir así una cantidad adecuada de recursos que puedan prestar o con los que puedan desarrollar su actividad.

En resumen:
- ✓ Oiko presta a los que prestan, no financia directamente al pequeño empresario o cliente final.
- ✓ Tiene fundaciones paralelas que reciben donaciones con las que cubren los gastos no bancarios, con el objetivo de utilizar las cuentas de Oiko para su pura actividad como entidad financiera.
- ✓ No recibe depósitos de clientes. Por tanto, solo puede operar con la cantidad que recibe como capital y las donaciones.

—

Prosper.com

Prosper.com es una plataforma de internet que facilita el préstamo entre personas (*peer to peer*). En esencia:
- ✓ Los solicitantes de financiación se dan de alta como tales en una página web, indicando la cantidad que necesitan y el tipo de interés máximo que pagarían.
- ✓ Las personas que quieren invertir acceden a la página web, deciden quién les inspira confianza y ofrecen una determinada cantidad, dentro del límite solicitado, así como el tipo de interés que aceptarían recibir, que

será igual o menor que el tipo máximo que el candidato estaría dispuesto a pagar.

✓ El sistema funciona por **subasta a la baja. El préstamo se otorga a los inversores que han solicitado recibir un tipo de interés menor.**

Las operaciones que se subastan a través de la plataforma tienen características similares: vencen habitualmente a los tres años, el tipo de interés es fijo y los pagos mensuales se deducen automáticamente de la cuenta del prestatario. Los préstamos son personales, lo que significa que no disfrutan de una garantía adicional, como una hipoteca. Los fondos se pueden solicitar para cualquier finalidad; se pueden utilizar con objetivos sociales, pero también por conveniencia financiera particular, como integrar en un solo préstamo a tipo más bajo diversas deudas pendientes.

El solicitante rellena un formulario en la web con sus datos, el importe solicitado y el tipo de interés aceptable, una descripción del proyecto a financiar, y si quiere, su foto. Es posible recibir y contestar mensajes y dudas de los inversores, establecer conexiones con perfiles personales y ver las ofertas recibidas. El candidato puede preparar su propia campaña de promoción con enlaces a otras páginas significativas, con primeras ofertas y referencias de amigos y familiares; puede, por ejemplo ofrecerse a pagar un tipo alto para generar ofertas con el objetivo de que en el curso de la subasta bajen hasta uno más conveniente, o bien ofrecerse a pagar un interés más ajustado. Al final no está obligado a tomar el préstamo.

Solo pueden ser clientes de la institución los residentes en Estados Unidos con una cuenta bancaria y un número de la Seguridad Social, o las instituciones con un número de identificación fiscal.

Los inversores a través de esta plataforma pueden decidir exactamente a quién y para qué prestan sus ahorros. Se encontrarán con pantallas que les listarán los prestatarios potenciales, el importe y tipo de interés ofrecido, el motivo de la solicitud y el porcentaje ya conseguido. El sistema indicará el *rating* o calificación crediticia del solicitante y señalará el mínimo tipo de interés al que se debe ofertar; este tipo de interés mínimo es calculado por la plataforma teniendo en cuenta los tipos públicos de interés a igual plazo, que serían los aplicables al buen prestatario, y añadiéndoles un diferencial o prima de riesgo.

Los aspirantes deben tener un *rating* mínimo. Existe un *rating* que asignan determinadas agencias estadounidenses en base al historial del cliente y que se basa en el comportamiento de la totalidad de la población. Prosper ha desarrollado una tecnología interna para, combinando dicha calificación externa con la obtenida del comportamiento de su propia base de clientes, asignar una calificación propia. La función del *rating* es proporcionar una medida para comparar el riesgo entre los solicitantes (recordemos que los préstamos no están cubiertos por garantía adicional) lo que permite al inversor decidir el tipo de interés que quiere ofrecer: a peor *rating*, mayor tipo, puesto que solo le merece la pena poner el dinero en mayor riesgo si le pagan más por ello. La información sobre el candidato incluye además otros datos significativos, como el porcentaje de ingresos que se destinará a pagar las cuotas

Las inversiones a través de estas plataformas en internet comportan un riesgo mayor del habitual, por lo que solo se utilizarán para una pequeña parte del patrimonio sobrante. Las legislaciones de algunos estados de Estados Unidos establecen criterios sobre el patrimonio mínimo de las personas que pueden invertir de esta manera. Los prestamistas pueden, en su propio interés, diversificar su inversión; los aspirantes lo saben y se ajustan a ello: **las solicitudes raras veces superan los diez mil dólares;** la plataforma establece unos límites de préstamos, mínimo y máximo, en bajas cantidades. El importe mínimo es de 25 dólares.

Tanto los prestatarios como los ahorradores se pueden unir en grupos. Los grupos de prestatarios pueden crear, siguiendo las normas de la plataforma, su perfil conjunto, con historial y *rating* propio. La existencia de un grupo que, aunque no añade ninguna garantía formal, necesita mantener su propia credibilidad, es un factor que los inversores pueden tener en cuenta para efectuar préstamos, tanto por la seguridad que les proporcione como por la afinidad que sientan con los conceptos que definen el grupo.

Los pequeños importes manejados explican que la **plataforma haya creado aplicaciones para que el inversor diseñe sus propias estrategias** y establezca y mantenga en el sistema sus parámetros de inversión. Una vez que esos parámetros se cumplen en una solicitud determinada, el propio sistema se encargará de presentar la oferta. No es necesario estar atento a cada actualización de la lista de solicitantes, sino que el sistema lo hace por nosotros.

———

Se prestan cantidades específicas a personas determinadas. Pero, ¿legalmente esto cómo funciona, hay un banco en alguna fase de este proceso? Recordemos que las formalidades legales y las normas de protección del inversor son las que ayudarán a recuperar la inversión si fuera necesario, protegiendo a quien presta el dinero. En este proceso se producen las siguientes acciones:

- ✓ *Cuando finaliza el plazo de la subasta, Prosper selecciona las ofertas de fondos a tipo más bajo y las combina entre sí para alcanzar la cantidad de una solicitud.*
- ✓ *El cliente formaliza un contrato con un banco, el WebBank, del que recibe los fondos.*
- ✓ *El WebBank recibe a su vez los fondos de Prosper, y acuerda con Prosper que traspase a esta entidad la relación (por tanto el riesgo del préstamo, los cobros mensuales, la gestión de impagos, el recobro en caso de impago total).*
- ✓ *Y Prosper emite unos certificados a los adjudicatarios de la subasta reconociendo su inversión y ligándola específicamente al flujo de fondos.*

Estos certificados representan la inversión. *Si alguien deposita su dinero en un banco tradicional, y este quiebra, hay un fondo de garantía establecido por las autoridades financieras que cubre esa pérdida hasta un límite determinado. Eso no pasa con los certificados. Los emite Prosper y constituyen una obligación de pago de esta entidad, y no del prestatario, por lo que, en caso de quiebra de Prosper, no tienen una seguridad de cobro diferenciada. Además, en ese caso, las gestiones para obtener el cobro las debería realizar el propio inversor. Por otro lado, estos certificados podrían ser vendidos en un mercado interno que no tiene el mismo grado de seguridad, ni de liquidez, que un mercado de valores regulado.*

———

El flujo de fondos se realiza a través de Prosper, que retiene sus comisiones; en caso de que el cliente no cumpla con sus obligaciones de pago, Prosper tiene unas políticas de gestión del recobro ya establecidas, que van desde considerar los primeros días de retraso como un mero problema administrativo, hasta traspasar la gestión de recobro a agencias especializadas, incluso vendiendo el préstamo. El inversor no puede, de acuerdo con el folleto de emisión de los certificados, llevar a cabo directamente las labores de recobro en caso de falta de pago.

El proceso a través de Prosper implica que las labores de información y relación con todo tipo de autoridades, identificación de las partes y verificación de sus datos, y diseño y firma de los contratos corresponden a la plataforma, que las realiza mediante medios electrónicos legalmente válidos. Prosper comprueba las identidades contra los datos de las agencias de consumidores y las bases de datos de prevención del fraude, pero, salvo excepciones, no realiza comprobaciones documentales directas.

Y a todo esto, ¿qué es Prosper y quién lo regula? Es una entidad de Estados Unidos y para ciudadanos de ese país. La plataforma es una empresa regulada bajo la legislación de préstamo al consumo y los préstamos los otorga un banco sometido a supervisión bancaria en su estado. Tanto la plataforma como las operaciones deben cumplir con las normas de protección del consumidor, privacidad y prácticas leales de mercado. Las emisiones de los certificados están registradas como oferta pública denominándose *borrower payment dependent notes*, o certificados condicionados al pago por el prestatario, siendo el emisor *Prosper Marketplace Inc,* y actualizándose por cada nueva emisión.

En resumen, Prosper canaliza de modo *online* préstamos estandarizados y gestiona los flujos de fondos. Se basa en los sistemas públicos de calificación e historial crediticio de Estados Unidos; los inversores tienen, legalmente, un certificado emitido por Prosper, que les proporciona una protección jurídica menos inmediata que si invirtieran en un banco convencional. El cliente recibe un préstamo de un banco y el esquema solo es operativo en Estados Unidos.

—

Kiva.org

Kiva.org es la primera plataforma que gestiona micro-préstamos *online*. Su finalidad es canalizar micropréstamos hacia el tercer mundo, y se encuentra relacionada con instituciones microfinancieras en más de 50 países. Fue creada como organización sin ánimo de lucro en San Francisco en 2005.

—

*El **funcionamiento de Kiva** lo describen ellos mismos en su página web:*
1) *Todo comienza con nuestros* field partners, *que son instituciones microfinancieras que operan a lo largo del mundo. Nuestros* field partners *aprueban y desembolsan un préstamo a un empresario de su comunidad. Le toman una foto y escriben su historia.*
2) *El* field partner *incorpora el perfil del empresario a la página web de Kiva (...).*
3) *Los prestamistas buscan entre los perfiles y eligen a quién prestar (...).*
4) *Kiva envía los fondos proporcionados por los prestamistas a nuestros* field partners. *La mayoría de los prestamistas utilizan los fondos para cubrir el importe que ellos ya han desembolsado al empresario. (...).*
5) *A lo largo del tiempo, el empresario devuelve el préstamo. El* field partner *lo cobra e informa a Kiva si el repago no se efectuó según lo debido. Permitimos a nuestros field partners cubrir las pérdidas por diferencia de cambio y los impagos del prestatario. Para acelerar el proceso y reducir el número y coste de las transferencias Kiva funciona por transferencias netas. Esto significa que para un mes determinado restamos los repagos debidos por el* field partner *del importe a recibir por los nuevos préstamos. (...).*
6) *Cuando se devuelve el dinero a los prestamistas, estos lo pueden volver a prestar a otro empresario, donar a Kiva (para cubrir gastos operativos) o transferir a sus cuentas en PayPal.*

—

El movimiento de fondos se realiza preferentemente a través de PayPal, que es una plataforma de pagos en internet, perteneciente al grupo eBay; esta plataforma se utiliza para pequeños pagos y se puede transferir dinero a ella bien directamente desde cuentas bancarias, o bien desde tarjetas.

En este proceso se pone por tanto en relación una **identificación local de una necesidad concreta de financiación,** analizada, aprobada y a menudo ya desembolsada por la institución microfinanciera local y una **decisión de inversión** en ese proyecto **por personas del primer mundo.**

Los préstamos gestionados a través de Kiva.org se encuentran sometidos a varios riesgos: al riesgo de que el prestatario no lleve a cabo el reembolso comprometido; al riesgo de que el *field partner* haya elegido un buen candidato y gestione bien la relación con él; al riesgo derivado de la situación en el propio país de destino (puesto que puede haber devaluaciones de la moneda local, prohibiciones de transferencia de fondos o desastres naturales); y a los riesgos derivados del uso de internet. Las decisiones de inversión son de alto riesgo para quien pone su dinero en ellas; el inversor no debe invertir más que una pequeña parte, no esencial para él, de su patrimonio y aún esa cantidad se debe dividir en varias inversiones a personas diferentes en países diferentes.

Hay que destacar el papel que juegan los *field partners*. Son instituciones microfinancieras locales que deben cumplir una serie de requisitos mínimos:

- ✓ Referidos a la situación legal y administrativa en su país: encontrarse debidamente registrados y reconocidos, poder recibir y aceptar compromisos en dólares y gestionar el riesgo de cambio.
- ✓ Referidos a su objetivo, debe incluir el dar préstamos a los pobres, con objetivos sociales y a tipos de interés similares a otras entidades.
- ✓ En cuanto a su propia fiabilidad, no deben estar incluidos en listas negras por motivos de terrorismo o similares.

Por tanto se trata de instituciones ya asentadas en el territorio que, para ser aceptadas como *field partners*, son analizadas por Kiva.org desde varios puntos de vista: estados financieros, auditorías, identificación de sus mayores financiadores, su antigüedad, sostenibilidad, cartera de préstamos y su nivel de riesgo, referencias externas, así como mediante análisis directo. Tras ello, se les asigna un *rating*. La información de su calificación e historial crediticios, señalando antigüedad, préstamos otorgados y tasas de incumplimiento, se mantiene actualizada en la plataforma.

Los *field partners* pueden decidir pagar los intereses y reembolsar el préstamo al inversor extranjero aunque el cliente local incumpliera sus compromisos, con el objetivo de mantener estable su canal de financiación. Se podría por tanto producir un desajuste entre lo que percibe el inversor —que va a financiar un préstamo concreto que le muestra la pantalla del ordenador y que, si no lo hace, esa persona no podrá sacar adelante su proyecto— y la realidad —que ese prestatario local ya ha recibido su dinero, lo que puede dar lugar a polémicas.

Kiva gestiona su cartera de riesgos basándose en los *field partners*, estableciendo límites máximos para ellos y estando estos límites basados en el *rating* de cada uno.

La plataforma ofrece al prestamista que ha recuperado su inversión la posibilidad de que la reinvierta o la entregue como donativo para cubrir los gastos de gestión de Kiva. Los inversores se pueden organizar en grupos por razones geográficas, de interés común o de negocio para un mayor conocimiento y reforzamiento mutuo de sus intereses.

Kiva ha otorgado un papel de institución de apoyo a algunas empresas en campos como el flujo de fondos (PayPal), transparencia (Ernst & Young), valoración crediticia (Moody´s), gestión interna (Oliver Wyman) y movilización en la red (Google, Yahoo). Tiene establecido un acuerdo de colaboración con Accion USA, una entidad de Estados Unidos que proporciona microcréditos vía internet.

En resumen, el esquema de funcionamiento de Kiva.org es el de un préstamo indirecto (puesto que el inversor presta a quien presta, aunque para un cliente identificado), el repago se compensa con otros flujos de fondos y se estimula el donativo a Kiva de un porcentaje y la reinversión del importe devuelto. Kiva.org no decide el tipo de interés (y comisiones) cargadas realmente al cliente final. Se depende totalmente de los *field partners* locales, por lo que su evaluación y seguimiento es muy importante; y permite dar soluciones financieras específicas a necesidades individuales e identificadas.

En Noviembre de 2011 comenzó su fase experimental un proyecto paralelo y diferente denominado **Kiva Zip**. Esta plataforma se encuentra en funcionamiento exclusivamente en Estados Unidos y en Kenia y su objetivo es proporcionar financiación al 0% a personas financieramente excluidas que presenten proyectos emprendedores con fuerte impacto social. El motivo de que Kiva Zip esté disponible en Kenia es el gran desarrollo en ese de la plataforma de transferencias a través de los teléfonos móviles M-PESA, que facilita de manera significativa el flujo de fondos.

La relación entre prestamistas y prestatarios es en esta plataforma experimental es directa, y no a través de un *field partner*, lo que requiere de una comunidad de inversores con mentalidad filantrópica que no necesiten cobrar interés a cambio de la certeza sobre el objetivo del préstamo. Las cantidades a financiar son pequeñas y para personas o empresas que no las obtendrían en el sistema bancario tradicional.

Kiva Zip se basa en la credibilidad del proyecto y las personas que lo vayan a realizar y para ello ha creado la figura del *trustee*, que es una suerte de avalista moral que analiza el proyecto y lo patrocina ante la plataforma de inversores. El *trustee* no asume riesgos financieros y no pone en juego más que su prestigio en la plataforma para apadrinar sucesivas inversiones. Debe ser aprobado como tal por la organización, que para ello revisa y valida sus conocimientos, tanto del sector como de la zona, experiencia, familiarización con los procedimientos de Kiva y medios disponibles. Se asignan límites de riesgo por cada uno de ellos.

Además de los *trustees*, también se ha diseñado la figura del Kiva *fellow*, destinada tanto a ayudar localmente a las compañías microfinancieras que lo necesiten como a divulgar la existencia de la nueva plataforma.

Parada y fonda.

En la primera parte habíamos visto que el banco recoge los ahorros de la gente y los canaliza hacia las mejores inversiones. Al recoger estos ahorros debe proporcionar la seguridad de que los va a devolver, lo que obliga a establecer normas de gestión prudencial y a una intervención de las autoridades para asegurar la protección de los derechos de los ahorradores.

La entidad transformará esos ahorros en inversiones, concediendo préstamos a diferentes plazos y vencimientos. Analizará a quién y para qué se entrega dinero, tratando de equilibrar unos préstamos con otros para reducir al máximo el riesgo de la cartera. Buscará una diversificación de riesgos entre sus préstamos y entre la totalidad de su activo. Todo ello porque su obligación primaria sigue siendo devolver los ahorros que le han sido confiados.

El banco ha de tener un capital adecuado, perteneciente a inversores, y capacidad para captar más, por lo que debe tener una rentabilidad y solvencia que el mercado perciba positivamente. Gestionará sus riesgos de liquidez, de capital y de tipo de interés. Minimizará sus gastos generales, para que el proceso de transformar ahorro en inversión sea eficiente.

Frente a ese esquema, ¿qué nos dice Grameen? Que sus operaciones están concentradas en sectores determinados, los grupos desfavorecidos; esto implica una mayor concentración del riesgo (una baja diversificación de la cartera de préstamos), lo que hace necesaria una mayor calidad y seguimiento de los préstamos; para ello trabaja muy próximo al cliente, no solo antes, sino también después del desembolso, pero, aun así, se encuentra muy expuesto en caso de, por ejemplo, catástrofes naturales. La cercanía al cliente, el tipo de cliente específico y las necesidades de gestión personal que necesita le podrían generar un nivel de gastos elevado. Pero, por el otro lado, se beneficia de una fidelidad de sus clientes, entre los que están sus empleados, muy grande; los tipos de interés son más altos que en la banca convencional, pero son menores que los aplicados por los prestamistas informales.

Triodos, ¿qué nos aporta? Que funciona como cualquier otro banco occidental, pero con una restricción en su tipología de inversiones. Una vez que el préstamo se encuentra dentro de una de las categorías que acepta, no hay diferencias en cuanto a tipos de interés, garantías ni otros aspectos. Permite la donación explícita del interés a cobrar. Se introduce el negocio solidario en la carcasa bancaria tradicional, lo que le lleva a realizar un análisis de riesgos clásico, y a rechazar operaciones como lo haría cualquier otra entidad; su política de restricción de tipos de inversión puede dar lugar a una mayor dificultad de diversificar la cartera. Establece una sindicación de accionistas para controlar el capital y evitar desviaciones respecto a sus objetivos si, por ejemplo, accionistas diferentes hicieran prevalecer el interés económico sobre cualquier otro. Las acciones tienen consiguientemente poca liquidez.

Fiare es una entidad nacida de la iniciativa social, que pertenece a cooperativistas a quienes no les sobra el dinero y pretenden cambiar las finanzas para cambiar el mundo. Su proceso de análisis de cada operación incluye en mucho detalle tanto los aspectos sociales como los económicos, lo que, unido a su forma de sociedad cooperativa, les puede conducir a operaciones de una gran incidencia social y coherencia con el objetivo buscado.

Oiko es el caso de una iglesia que estructura su actividad solidaria mediante una institución financiera. No recoge ahorros del público, sino solo capital, cuya liquidez posterior es muy restringida. Su capacidad de inversión está limitada al capital recogido y su estructura interna diferencia los tipos de gasto para conseguir que la institución financiera asuma solo los gastos derivados de la actividad financiera. En el caso de Triodos su estructura le llevará naturalmente hacia cada país donde está implantado; Oiko tiene una vocación de financiación norte-sur, lo que implica un riesgo mayor y es coherente con no aceptar depósitos y buscar inversores con vocación más altruista.

Prosper es un instrumento. Se puede utilizar tanto por inversores que tienen un objetivo solidario como por aquellos que buscan exclusivamente ganar dinero. Es una relación entre personas, lo que da lugar a un mayor compromiso de ambas partes, pero también a una menor profesionalización y eficiencia a la hora de decidir la operación a financiar y cómo hacerlo. Utiliza sistemas de *rating* para homogeneizar las características de cada solicitante y compararlos entre sí, lo que a su vez exige un entorno social y regulatorio donde estos sistemas sean fiables. Está enfocado al primer mundo, no solo porque su regulación lo restrinja a Estados Unidos, sino por la mencionada necesidad de sistemas públicos de calificación crediticia y su fácil utilización para refinanciar deudas de créditos al consumo.

Y Kiva parece situarse entre institución financiera e institución donante. Sus características son de préstamo entre personas, donde cada inversor selecciona el proyecto al que quiere aportar dinero. Sin embargo, favorece la donación de intereses o principal; el hecho de que el flujo de fondos con la entidad local se integre en un único movimiento periódico y que esta entidad local pueda financiar directamente el proyecto final asemeja más a Kiva a una institución donante. De ella, como de Oiko, aprendemos la involucración con las instituciones locales; de Kiva, como de Prosper aprendemos la utilidad de internet tanto para motivar a los inversores y donantes a actuar, puesto que se personalizan las decisiones y se hace sentir su eficacia real, como para gestionar el flujo de fondos y la información.

Hemos visto cómo gestionar la concentración de inversiones, cómo la cercanía al cliente compensa la ausencia de garantías clásicas; cómo separar los gastos financieros y los donativos. Cómo los esquemas de préstamos directos entre personas buscan una identificación específica de un proyecto real a financiar, aunque no tenga lugar una selección profesional de este, y movilizan dinero y voluntades. Cómo internet es la gran herramienta y las instituciones locales son las que realmente conocen al cliente.

3. EVOLUCIÓN DE LAS INSTITUCIONES FINANCIERAS.

Hemos descrito hasta ahora qué caracteriza a un banco convencional y algunas de las actividades financieras accesibles a los clientes que se encuentran fuera del sistema. Lo que hemos presentado es una imagen estática; vamos a hacerla ahora algo más dinámica viendo cómo han evolucionado tanto las entidades convencionales como esas otras instituciones y plataformas. Nos acercamos así más a la realidad de cada sociedad en la que se insertan, es decir, a la gente.

―

Los bancos convencionales; su evolución y sus clientes

¿Cómo se relaciona un banco convencional con los integrantes de la sociedad? La respuesta inmediata es que no se relaciona con la sociedad en abstracto, sino con los clientes, los que aspiran a serlo y aquellos a quienes el banco desea convertir en tales.

Echemos un vistazo rápido a la situación de la banca hace ya bastantes lustros. La banca se encontraba durante los años 70 del siglo pasado, inserta en un marco regulatorio que limitaba los tipos de interés, apenas permitía pagar interés en las cuentas corrientes, y obligaba a realizar inversiones en determinados sectores a tipos fijados oficialmente. En un marco tan restrictivo, y que proporcionaba beneficios sin esfuerzo, la capacidad que tenía una entidad para diferenciarse de las demás era escasa y lo que hacían principalmente para ello era tener presencia en el territorio, abrir sucursales. La competencia se basaba en la cercanía a los clientes, los cuales *caían* de manera natural en una oficina que no les ofrecía productos o precios muy diferentes de la de al lado. No se salía a la calle a captar clientes ofreciéndoles lo que necesitaban. El cliente simplemente entraba en la sucursal como el que entra en un mundo complicado, lejano y más elevado que el del resto de los mortales.

El que un banco era un mundo extraño nos lo indica un poema humorístico de La Codorniz en la época:

*«**Elegía bancaria**	ventanilla y tal.	en "Cuentas Corrientes"
	Millones, millones...	dijeron que no.
Banco...banco...banco	¡y uno sin un real!	Pregunté entre dientes:
Calle de Alcalá.	Dedos tecleando.	"-¿dónde cobro yo"
Algún que otro estanco	Cálculos sin cuento.	¿Será en "Extranjero"?
del lado de acá.	¡y el banco cobrando	¿Será en "Exterior"?,
Yo un cheque tenía.	su tanto por ciento!	Cuando vi un letrero:
Era "al portador".	Con triste librea,	"Banca. Director"
Fui a cobrarlo un día:	-vice-papagayo-	Y al pasar la banca
¡un día traidor!	el ujier pasea	me dijo el banquero:
Entré en la redonda	su aire de lacayo.	Los que están sin blanca
mansión de cristales,	Llenos de cordones	No cobran dinero.
bajo la rotonda	y de ringorrangos,	Banco...banco...banco
donde están los reales.	bailan los "botones"	Calle de Alcalá:
La "Banca Acueducto"	bursátiles tangos.	algún que otro estanco,
con pompa y boato	Con mi cheque, huraño,	que tampoco es manco,
cobraba el producto	busqué mi tesoro:	del lado de acá.»
de su inquilinato:	fui del coro al caño,	
valores... acciones...	fui del caño al coro;	

* Jorge Llopis. La Rebelión de las Musas. 1972

A finales de los 70 el acercamiento a Europa y a una mayor libertad de competencia obligó a comenzar los cambios. Era necesario fortalecer el sistema sacándolo del invernadero y permitirle enfrentarse a los procesos tecnológicos y de globalización. Se liberalizaron los tipos de interés, fueron despareciendo las inversiones obligatorias y se permitió la entrada de nuevos competidores. Las instituciones empiezan a competir diseñando productos nuevos con tipos de interés más agresivos, y situando al cliente como el centro de su negocio. Comienza un proceso de segmentación de clientes cada vez más progresivo que va incluyendo como objetivo que esa relación con el cliente sea duradera.

Al acercarse progresivamente al cliente, la banca ha ido, por necesidades del negocio, adecuando otros aspectos: ha aplicado sistemas de gestión y control de riesgos más sofisticados, ha tratado de disminuir los costes de transformación, de obtener rentabilidad con cada segmento y cliente o de incorporar productos que hagan atractivo la permanencia en la entidad. Se han ofrecido cuentas de ahorro y depósitos de diferente tipo, o préstamos hipotecarios; se han estandarizado los productos y aprovechado la tecnología, puesto que una automatización significativa del proceso permite una reducción de los costes de transformación. La banca ha adquirido un conocimiento cada vez más preciso de sus clientes actuales y potenciales sin necesidad de contacto personal con ellos, y esta información ha permitido un cálculo y análisis de rentabilidad por cliente, y no solo por producto. Las entidades han realizado así un esfuerzo por identificar **segmentos de clientes** a los que comercializar productos adecuados.

La segmentación se realiza en base a características de diferente tipo, geográficas, demográficas o económicas, atendiendo a su nivel de renta o propiedades. Los segmentos deben suficientemente homogéneos para que sus integrantes perciban que el servicio se adecua a lo que necesitan y a la vez deben tener a la vez una dimensión y acceso tales que se reduzcan los costes de transformación. Este proceso continuo de segmentación puede producir también un efecto inverso, que es el progresivo aislamiento, o expulsión del sistema, de las personas que no resulten incluidas en un grupo rentable.

Al hablar de la apertura del banco a la sociedad en una situación de más y mejores competidores, legislación más abierta, globalización, nuevas tecnologías, internet incluido, estamos hablando de la **innovación financiera.**

Por innovación financiera entendemos el proceso autoalimentado entre la creación de sistemas de información, la identificación mediante ellos de segmentos de clientela o negocio rentables, la creación de la batería de productos y servicios a distribuir y su implantación efectiva. Como un producto financiero es fácil de ser copiado por la competencia, que puede reaccionar casi inmediatamente ofreciendo lo mismo a un precio menor, es necesario lanzar cuanto antes otro producto que parezca un poco diferente del anterior y permita mantener el precio. El proceso busca una relación de negocio a largo plazo, por lo que hay que fidelizar al cliente y anticiparse a la competencia. El proceso de creación de nuevos productos o servicios es una espiral continua que tiene lugar mientras se producen cambios constantes en la tecnología y las comunicaciones, con una globalización en la que aparecen todo tipo de competidores y frecuentes cambios legislativos; esta situación de cambio constante genera opciones adicionales de ataque a la clientela de cada entidad, que se ha de defender con la espiral de la innovación. Hay un cierto síndrome de la bicicleta: hay que seguir pedaleando para no caerse.

La **innovación financiera es un proceso continuo** que podemos empezar a describir por cualquier parte de la circunferencia: la globalización y las comunicaciones hacen que cada vez haya más competidores y productos; los productos financieros son muy fáciles de copiar, por lo que la competencia se deriva inmediatamente hacia el precio; ello obliga simultáneamente a diseñar productos más elaborados para sectores más concretos que justifiquen un precio mayor; los clientes cada vez saben más y a través de la tecnología pueden comparar más ofertas, lo que unido a la bajada de precios permite y obliga a disminuir el número de oficinas para ahorrar costes, a su vez redefiniendo las existentes hacia modelos más cercanos al asesoramiento; la enorme capacidad de información y gestión permite lanzar nuevos productos que serán inmediatamente copiados, si es que antes no ha habido que copiar alguno.

¿Y todo ello para qué? Para hacer negocio, para rentabilizar la inversión de los accionistas.

¿Qué tiene de específico un producto bancario? Que es intangible y, al ser un servicio, no se puede almacenar. Obviamente el dinero físico es tangible, pero al final el negocio financiero se instrumenta en contratos de depósito o préstamo, donde la cercanía al objeto intermediado es difícil de percibir. Incluso el propio producto es difícil de describir, ¿se vende un *préstamo*?, ¿o bien un *préstamo hipotecario a tipo fijo*?, ¿o quizá nos ofrecen la *posibilidad de comprar un piso*?, ¿también puede ser el *satisfacer el sueño de tener una vivienda*? o ¿acaso quieren que compremos una producto que podemos etéreamente llamar *solucionar las necesidades financieras que tenga a lo largo de mi vida*?

Para luchar con la intangibilidad y hacer más perceptible e identificable el servicio financiero las entidades utilizan varios métodos. Pueden crear tarjetas de crédito, asociar comercialmente la operación con el beneficio (no es un *préstamo personal*, sino un *préstamo coche*) o crear todo tipo de clubs, asociaciones y revistas. Y pueden poner cara al banco, personalizándolo, fomentando la relación personal con el vendedor. El vendedor es clave y se convierte en gestor, asesor personal, consejero o *account manager*. En esta relación de venta la posición de las partes es doble, cada una de ellas puede tener exceso de liquidez o necesidad de ella. En todo caso, esa relación es continuada en el tiempo, necesita de una confianza mutua y está regulada por la normativa en vigor. Pero una relación personal parece necesitar una sucursal cercana, mientras que la necesidad de tener bajos costes de transformación, aprovechando la tecnología, lleva a disponer de menos sucursales, lo que debilita la relación entre el cliente y la institución financiera. La venta y el posterior servicio ha pasado a ser multicanal, a través, no solo de sucursales, sino también de internet o teléfono, y con servicios posteriores que son facilitados proporcionados mediante cajeros automáticos y todo tipo de dispositivos. Este tipo de venta da lugar a un enfriamiento de la relación y a una mayor facilidad de cambio de entidad.

La banca intentará vender los productos y servicios a los clientes, gestionándolos a través de los segmentos en los que se integran, mediante los canales mencionados y dentro del proceso de innovación financiera. Al segmento definido habrá que pedirle, globalmente, un tamaño mínimo, lo que implica la necesidad de ser cuantificado, que sea accesible y que se pueda medir la respuesta a las acciones de marketing. La pertenencia a uno u otro segmento es importante para determinar cómo uno es tratado.

—

*En el cuento **El Billete del Millón de Libras**, de Mark Twain, hay un ejemplo de cómo se cambia de segmento a un cliente al conocerle, pasando de cliente marginal a cliente de banca privada:*

A un hombre perdido por casualidad en el Londres victoriano del siglo XIX, sin nada de dinero en el bolsillo, ni siquiera monedas, y sin conocer a nadie en la ciudad, dos hermanos, extravagantes y millonarios, le dejan un billete de un millón de libras durante unas semanas. Se trata de una apuesta entre ellos, para ver si una persona en esa situación puede salir adelante. Le entregan el billete en un sobre, donde él ve dinero, pero no se fija en el valor de ese único billete.

Muerto de hambre va a un restaurante a comer, lo que hace, y mucho. A la hora de pagar se da cuenta del valor del billete. «Debí de permanecer anonadado y guiñando los ojos ante aquel billete durante más de un minuto antes de poder reponerme. Lo primero que vi entonces fue al dueño del local. Sus ojos permanecían fijos sobre el billete y parecía como petrificado. Su actitud era de veneración, con todo su cuerpo y su alma, pero daba la impresión de no poder mover manos ni pies».

El protagonista no consigue ni pagar ni que el dueño del restaurante le cambie el billete. Pero ya pertenece a otro segmento y tiene crédito: «estaba más que dispuesto a aplazar el cobro de aquella minucia para mejor ocasión. Dije que seguramente no volvería por allí durante una buena temporada, pero él dijo que no tenía importancia, que podía esperar, y que además podía pedir cualquier cosa que necesitara siempre que quisiera, y que podía saldar la cuenta cuando se me antojara.»

—

Una vez que se ha definido un segmento, la entidad puede tomar diferentes decisiones. Puede incluso decidir no comercializar algunos productos para ese grupo, dejando que sus necesidades se atiendan con los productos y medios de distribución dirigidos al mercado general. A los nuevos segmentos se les requiere:

- Que el banco, por su estructura, tenga capacidad de crecimiento en ellos.
- Que el incremento de ingresos al acceder a ellos sea mayor que los costes que se añaden alcanzándose el objetivo de rentabilidad buscado.
- Coherencia con las políticas de gestión de riesgos.
- Para todo ello se deben generar economías de escala, esto es, que sea proporcionalmente más barato acceder a un grupo de clientes mayor y que el riesgo se mantenga controlado; esa expansión no debe provocar un incremento de los índices de impago.

Para ver cuánto se acercan nuestros bancos a proporcionar servicio a las clases menos pudientes podemos analizar cómo actúan en relación a dos sectores que comparten algunas características, el de las pequeñas y medianas empresas, o pymes, y el de los inmigrantes.

Las **pymes** en nuestro país dependen habitualmente en gran medida de la financiación bancaria; pertenecen a personas con patrimonio no elevado que acuden al sistema bancario a solicitar financiación. Se encuentran con que, si la obtienen, es a corto plazo, por lo que tienen que gestionar ciclos de pago a sus financiadores a vencimientos cortos con ciclos de pago y cobro derivados del negocio a otros plazos. Las instituciones oficiales, nacionales o internacionales, ofrecen programas de financiación para estas empresas. En España las líneas de mediación del Instituto de Crédito Oficial (ICO) ofrecen financiación a empresas y autónomos a plazos largos y tipos preferenciales, canalizándose a través de bancos y cajas.

Las pymes recurren de manera significativa al crédito comercial, con plazos integrados con su propio ciclo de producción y venta. Disponen también de servicios como el *factoring*, para que a cambio de un descuento en el importe el banco cobre sus deudas y les entregue el dinero por anticipado; o el *leasing*, donde los bienes de producción se alquilan, con una opción a compra, lo que permite que se vayan pagando con los ingresos generados por su propia utilización. Estas alternativas de financiación pueden ser más costosas que los créditos bancarios directos.

Existen diversos **sistemas de análisis de riesgos** para analizar las propuestas de préstamos, y que se pueden combinar entre sí. La primera técnica es el estudio de los estados contables, lo que hace necesaria la existencia de información financiera pública y fiable, y con una cierta historia, información que se completará con la de la propia entidad, tanto sobre aspectos financieros como sobre el propio proyecto. Otro modelo de toma de decisiones es aplicando técnicas de *credit scoring*, mediante las que se otorga una cierta ponderación a determinadas variables y se accede al préstamo al alcanzar una puntuación mínima. Además se pueden pedir garantías, con un margen de exceso, que puedan ser ejecutadas para obtener fondos con los que reembolsar la deuda. Los modelos en cada entidad estarán constituidos por una combinación de las diferentes técnicas, pero, en el caso de las pymes lo más importante es el conocimiento cercano y profundo de su actividad. En un mundo ideal las pymes necesitarían una entidad financiera con mentalidad empresarial y conocimiento de su proyecto, evolución y perspectivas. Una entidad a la que el conocimiento del negocio, los gestores y su historia le diesen una confianza suficiente como para proporcionarle a ese cliente la financiación adecuada.

Ese tipo de banca se denomina **banca relacional,** mediante el cual se trata de mantener las relaciones bancarias de manera duradera con la misma entidad y que sea ésta la que proporcione todos los servicios.

Los teóricos nos dicen que la banca relacional se desarrollaría como una especie de contrato tácito entre empresa y banco para que este atienda las necesidades financieras de aquella durante un periodo largo de tiempo. Esta relación continuada permite a la entidad disponer de más información de la existente en los balances oficiales, las cuentas públicas y otras fuentes generalmente accesibles, reduciéndose así los problemas de información asimétrica. El servicio integral permite al banco beneficiarse de la seguridad que pueda proporcionar que los depósitos de la pyme y el tráfico comercial se realicen a través suyo, así como de la propia experiencia de trabajar con la empresa en cuestión. Esos elementos permitirían a la institución atender las necesidades crediticias de la empresa cliente, teniendo en cuenta la intensidad de la relación (número diferente de productos y servicios, importancia de cada uno) y su duración. Podrían darse unos tipos de interés iniciales menores al realizarse una evaluación del riesgo más ajustada por el conocimiento del cliente e incluso la cercanía física, la cual a su vez favorece que el banco asesore financieramente al cliente.

La información, según los principios de la banca relacional, se obtiene a lo largo del tiempo, antes y después de la operación, y procede del entorno donde se encuentran y al que están vinculados cliente y banco. La red social permite un flujo de información que llegaría a formar un auténtico capital social. El capital social se configura, según la doctrina, como un conjunto de circunstancias intangibles en el que los valores, el conocimiento y la relación entre las personas, y el beneficio mutuo generan comportamientos que potencian esa confianza, relaciones y beneficio.

"A un hombre perdido por casualidad en el Londres victoriano del siglo XIX, sin nada de dinero en el bolsillo, y sin conocer a nadie en la ciudad, dos hermanos, extravagantes y millonarios, le dejan un billete de un millón de libras durante unas semanas. (...) Muerto de hambre va a un restaurante a comer, lo que hace, y mucho. A la hora de pagar se da cuenta del valor del billete. «Debí de permanecer anonadado y guiñando los ojos ante aquel billete durante más de un minuto antes de poder reponerme. Lo primero que vi entonces fue al dueño del local. Sus ojos permanecían fijos sobre el billete y parecía como petrificado. Su actitud era de veneración, con todo su cuerpo y su alma, pero daba la impresión de no poder mover manos ni pies». El protagonista no consigue ni pagar ni que el dueño del restaurante le cambie el billete."

—

La banca relacional tiene un componente subjetivo, de conocimiento directo del cliente y confianza en él muy grande y complejo de implantar de manera general en una banca actual. Parece una combinación difícil entre la cercanía que es necesaria y la automatización y tratamiento masivo a la que obliga el negocio. No deja de ser curioso ver que en **el Londres del XIX ya sucedió algo parecido**, cuando los negocios bancarios, que tradicionalmente habían llevado banqueros privados basados en su oficio, los pasaron a desarrollar nuevos bancos constituidos como sociedades por acciones.

El viejo sistema de banqueros privados ya no funcionaba, pero el nuevo de las sociedades bancarias quizá tampoco. Nos lo cuenta **Walter Bagehot** otra vez más: «Los antiguos bancos privados en los viejos tiempos solían prestar mucho a particulares (...); el banquero podía no tener garantía, pero formaba su opinión sobre el juicio, el sentido y la solvencia de aquellos a los que prestaba. Y cuando Londres era comparativamente una ciudad pequeña, y cuando cada uno se ceñía a sus propios negocios, esta práctica había sido segura. Pero ahora que Londres es muy grande y nadie puede controlar a nadie, ese tipo de operativa sería desastroso; actualmente sería difícilmente seguro incluso en una pequeña población del campo. Los bancos por acciones no eran adecuados para este negocio (...) pero realmente era el negocio el que no era adecuado para la época actual.»

Esta última afirmación no deja de ser tan válida hoy como hace siglo y medio: el otorgamiento de préstamos basado exclusivamente en la confianza y conocimiento se hace difícilmente compatible con una gestión masiva en una gran institución.

—

Desde el punto de vista de la entidad, un modelo de banca relacional, o al menos un modelo exclusivo de este tipo de banca, necesita de una red de sucursales amplia. Exige una consideración de factores informales y subjetivos a la hora de aprobar los préstamos, lo que requiere niveles muy altos de formación y de delegación. Esa informalidad y subjetividad dificultaría establecer unos criterios de riesgos generales y uniformes, así como seguir su evolución. Podría producir un mayor coste, un menor conocimiento homogéneo del riesgo y consiguientemente menor información sobre el riesgo global de la entidad.

La empresa, por su lado, tardaría mucho tiempo en construir esta relación y tardaría mucho en cambiarla, por lo que quedaría condicionada a un único financiador, con las condiciones y tipos de interés que este le imponga.

La crisis iniciada en 2008 ha afectado a las pymes en su propio negocio, inicialmente a las dedicadas a la construcción y luego al resto. Los bancos, y más aun las cajas de ahorro, han tenido que reconocer el verdadero valor de sus activos incorporando las pérdidas consiguientes y reforzar sus índices de capital. Para reforzar esos índices se puede tanto aumentar recursos propios como disminuir créditos y préstamos; se ha producido un desapalancamiento, una disminución de los préstamos otorgados. Si a esto unimos que las pymes están financiadas en un alto porcentaje por los bancos, la ausencia de esta financiación, la crisis general y los problemas de cobro de sus clientes las han desarbolado. Una vez que el sistema financiero se recomponga, esté dotado del capital y la solvencia adecuados, el retorno de una financiación eficaz a las pymes será esencial para la recuperación de la propia economía.

¿Cómo actúa la banca ante el segmento de los **inmigrantes**, que pueden, la parte de ellos más desamparada, representar un grupo de personas con dificultades de acceso al crédito? Respecto a ellos, como respecto a cualquier otro grupo de clientes, las entidades analizan las necesidades en función de su ciclo vital, que en este caso es el de integración en el país o deseo de retorno. Así, los inmigrantes podrán pasar por las siguientes fases:

Una fase de llegada, en la que principalmente tienen que cubrir sus necesidades de supervivencia. Quizá hayan incurrido en deudas para financiar su desplazamiento y probablemente estas se incrementen en esta fase inicial. En este momento hay poco que una entidad financiera, como tal, pueda hacer por ellos, estando la capacidad de actuación principalmente en manos de organizaciones no gubernamentales y de solidaridad.

Se manifiesta especialmente en esta fase las implicaciones de la situación ilegal en la que se pudiera encontrar el inmigrante. Las entidades no podrán abrir una cuenta a quien no tenga la documentación en regla. Hay normas derivadas de la necesidad de prevenir el blanqueo de capitales y las actividades criminales que obligan a las entidades a un conocimiento y exigencia de documentación adecuada de la persona a la que abren una cuenta. En las situaciones informales la necesidad de acudir a canales informales, y la probabilidad consiguiente de encontrarse con situaciones de usura es aún mayor.

—

La actividad financiera se ha encontrado con mucha frecuencia en el, por así llamarlo, lado informal o privado de la economía. Al menos desde los tiempos de Demóstenes. Nos lo cuenta Cohen:

«Los banqueros actuaban en gran manera en un mundo de transacciones ocultas, de negocios confidenciales que lo eran en contraposición al mundo oficial del comercio. Como otros conceptos e instituciones atenienses, la misma economía estaba dividida por una dicotomía entre dos mercados, el visible ("phanera") y el invisible ("aphanes"), opuestos y complementarios (...). En el mercado visible, los préstamos sobre la propiedad se formalizaban con piedras testimoniales que se colocaban abiertamente en la propiedad, y los bienes se transferían con identificación completa de todas las posesiones conocidas, pero sin práctica mención a los depósitos bancarios, que pertenecían claramente al mercado invisible. En los mercados "aphanes", las inversiones y la propiedad se mantenían en secreto, como protección ante acreedores, recaudadores de impuestos y otros posibles adversarios. Se hablaba de la esfera secreta, había rumores de riquezas no existentes, las acusaciones de evitar impuestos o no pagar a acreedores eran frecuentes. Por ejemplo, el padre de Demóstenes, que se sabe que tuvo mucho trato con los banqueros de Atenas, estuvo ocultando a lo largo de su vida buena parte de sus propiedades, posiblemente evitando completamente pagar impuestos, y posiblemente evitando responsabilidades por las deudas de su suegro.»

—

Cuando el inmigrante encuentre algún trabajo su primer objetivo será enviar dinero a casa. El proceso de bancarización comienza por las remesas. En paralelo el inmigrante podrá tener proyectos de algún negocio y obviamente necesidades de financiación. Están ya latentes la necesidad del microcrédito y del crédito al consumo.

En la tercera etapa lo predominante sería la estabilización en el país de destino. Ello añadiría al servicio de remesas la necesidad de algún producto de ahorro y servicio de pagos, préstamos para consumo, hipotecario o para comenzar alguna actividad (micro) empresarial, y algún producto de seguros.

En la etapa de consolidación la gama de productos necesarios se iría ampliando, ya con fuerte dependencia del proyecto vital del inmigrante, esto es, de si su objetivo es permanecer en el país de destino o retornar al propio. La crisis económica de 2008 ha obligado a buena parte de los inmigrantes a retornar a su país de origen interrumpiendo su proyecto de vida en España.

La actitud del inmigrante y su capacidad de relación será diferente según su tipo de entrada al país sea legal o ilegal, según su proyecto de vida sea de permanencia, reunificando a la familia, o de ahorro y retorno, según su percepción de lo que el banco le puede ofrecer y de cómo se realizan las operaciones y según su propia cultura y grupo de pertenencia, pues tienden a permanecer con su propio grupo por razones de apoyo mutuo. Los inmigrantes son así un **segmento disperso** —en realidad varios segmentos de población—, con unas **necesidades de servicio, ahorro o financiación pequeñas por persona**, unas necesidades de atención mayores, quizá hasta con barreras idiomáticas, con **menor cantidad de información formal** respecto a ellos y unos niveles de riesgo quizá mayores por su **menor arraigo local y su menor historial crediticio**. La atención a ellos va a desarrollarse muy controladamente y el tipo de banca que necesitan será también, como en las pymes, de mayor cercanía y conocimiento, una banca relacional.

―

La atención financiera a los inmigrantes tendemos a analizarla desde el punto de vista del país receptor, centrada por tanto en la atención por nuestros bancos convencionales a la población que llega, y a un ciclo de evolución financiera que va, idealmente, desde la llegada del primer miembro de la familia hasta la completa integración en nuestro país de la familia completa. Pero ni siempre las entidades convencionales son los del país receptor, ni siempre la integración en el país de destino presupone la ruptura financiera con el de origen, ni siempre acaba la inmigración en una feliz integración de una familia completa. La persona tiene necesidades o recursos financieros en origen y destino que hay que atender. Por ejemplo, el ecuatoriano Banco Pichincha, establecido en España, donde la población de inmigrantes ecuatorianos se encuentra en torno a 650.000 personas, ofrece préstamos a residentes ecuatorianos en España, y que tienen por tanto aquí una casa o una fuente de ingresos, y quieren comprar primera o segunda vivienda en su país.

—

Las cajas de ahorro y los *community banks*

Tenemos que identificar el tipo de banco que puede estar desarrollando un comportamiento de banca relacional significativo. Debe ser una institución muy cercana al cliente, integrada en su comunidad y con buen conocimiento de ella, con un fuerte soporte técnico y con unos accionistas que no primen el beneficio, sino que integren en su toma de decisiones la atención a la comunidad en la que se encuentran.

Algunos modelos de entidades que se han desarrollado así son —o han sido— las cajas de ahorro españolas y los *community banks* de Estados Unidos.

Las **Cajas de Ahorro** españolas son —¡eran!—entidades sin ánimo de lucro y que proceden de la evolución de los antiguos Montes de Piedad, donde las personas podían empeñar sus bienes recibiendo un dinero que debían devolver al cabo de un tiempo; la Caja conservaba el bien en prenda y en caso de impago lo podía vender para recuperar sus fondos. Las Cajas no tenían capital social como tal, sino reservas constituidas a lo largo del tiempo. La ausencia de capital social implica que no hay accionistas a los que remunerar con un dividendo, debiendo aplicarse sus beneficios a la Obra Social. Si bien la Obra Social puede tener en sí misma un efecto que reduzca la exclusión social, es la actuación de la Caja como entidad financiera en competencia directa con los bancos la que reduce la exclusión financiera. Las Cajas se han dirigido históricamente a los segmentos de población de menores rentas y conocimiento financiero, mediante productos específicos como las libretas de ahorro e incluso mediante oficinas especializadas. Su atención a los inmigrantes, a la pequeña y mediana empresa y a la financiación a la vivienda ha sido proporcionalmente mayor que la de los bancos.

Por otro lado, al no disponer las Cajas de una estructura de capital clásica, y por lo tanto no tener accionistas, la legislación estableció unos órganos de gobierno en los que se integraban representantes de sectores de la entidad y de la sociedad, entre ellos representantes políticos. Este sistema de gobierno no profesionalizado ni controlado ha permitido, con honrosas excepciones, la intrusión de intereses políticos, empresariales y personales en la gestión que ha llevado al rescate financiero por parte de las instituciones europeas de buena parte del sector. A lo largo de 2011 las Cajas han transferido su negocio financiero habitual a entidades con la forma jurídica de bancos, manteniendo directamente las antiguas Cajas la gestión de su obra social, la actividad como montes de piedad y eventualmente activos no transferidos al banco.

En el sistema financiero existe el modelo de las **cooperativas de crédito**. Son instituciones financieras, habitualmente de pequeño tamaño, en las que los potenciales ahorradores y prestatarios son todos miembros de la comunidad. Sus acciones o participaciones no tienen liquidez y proveen servicio a los miembros del propio colectivo, si bien los procesos de acceso a ese colectivo pueden ser más o menos laxos. Algunas de las entidades que hemos mencionado (Oiko, Fiare - Banco Popolare de Milano) tienen esta forma jurídica, que constituye una evolución natural de una organización social que pasa a desarrollar actividad financiera formal. Las sociedades cooperativas de crédito son instituciones financieras reguladas, como los bancos y cajas, por el Banco de España y alguna de las cuales, sin perder su vocación, se ha convertido en banco.

En Estados Unidos son muy relevantes los *community banks*. El sector está compuesto por unas 7.000 entidades financieras en 50.000 localidades a lo largo del país, con un volumen de activos que en algún caso puede ser de solo 10 millones de dólares. Son el tipo de entidad con más depósitos de clientes en el área rural y de pequeñas poblaciones de Estados

Unidos; en ese área no metropolitana se encuentra el 16% de la población en 2011 y se produce el 12% del PIB. En 2011 cerca de la mitad (46%) de los pequeños préstamos recibidos por las pequeñas empresas agrícolas y negocios estaba otorgado por estas instituciones. A nivel global, tenían en sus libros el 14% de los activos de los bancos.[2]

Se trata de pequeñas instituciones locales, con una toma de decisiones a nivel también local, y cuyos clientes naturales son las empresas de su entorno y el sector agrario del país. Los depósitos recibidos de sus clientes se transforman con gran frecuencia en créditos en la misma comunidad, lo que se ve favorecido por una norma que lo favorece, la *Community Reinvestment Act*, y por la estructura de supervisión financiera descentralizada del país.

Los *community banks* son entidades con su propio capital; la propiedad puede permanecer en la misma familia durante generaciones y los accionistas mayoritarios pueden ser a su vez los gestores de las entidades. Por otro lado, Estados Unidos dispone de un sistema de supervisión bancaria, la *Federal Reserve*, compuesto de diversas agencias estatales. Es decir, a un sistema de bancos locales se añade un sistema de supervisión cercano, así como la normativa de protección de depósitos de clientes (*Federal Deposit Insurance Company, FDIC*). Constituyen un modelo de banca relacional con gestión inmediata por sus gestores naturales, implicado en su comunidad y que incluye como un valor el servicio a ésta.

¿Cómo han sobrevivido a la crisis de 2008? Con problemas, pero requiriendo con menos ayudas que la gran banca. Además de enfrentarse a la crisis en sí han debido poner en funcionamiento normas de cumplimiento regulatorio y de prevención de blanqueo de dinero que las obligaban a contratar personal especializado y desarrollar plataformas tecnológicas, con el coste consiguiente, y lo han debido hacer en una época de muy bajos tipos de interés, lo que reducía el margen de intermediación. La necesidad de acceder a nuevos mercados, entre ellos el de grandes patrimonios, donde se generan

---

[2] Datos procedentes de FDIC Community Banking Study Diciembre 2012.

mayores comisiones, se debía combinar con mantener la atención cercana a su clientela; la mejora tecnológica y la banca móvil, con sus costes de implantación han constituido una senda de evolución lógica. Ha tenido lugar un cierto proceso de fusiones entre entidades, pero el sector sigue atendiendo a sus comunidades.

—

Las microfinanzas; su evolución

Las instituciones microfinancieras han estado operando durante lustros, se han diseminado por casi todo el mundo, han diseñado y estabilizado su propia tecnología de trabajo y tienen una historia de la que aprender. Ha habido incluso disminuciones de su actividad tras alguna crisis, como la de 2010.

—

> *Un caso significativo fue el de la tormenta microfinanciera en el estado indio de Andhra Pradesh en ese año. Situado en el sureste de la India, tiene una población superior a 75 millones de habitantes y su sector financiero sufrió una crisis debido al sobreendeudamiento de los clientes de varias instituciones favorecido por una competencia entre quienes ofrecían los préstamos y empeorada por la situación política.*
>
> *En 2010 muchas nuevas entidades microfinancieras se habían lanzado a ofrecer créditos, pero tenían una forma legal que no les permitía tomar depósitos de clientes, por lo que dependían totalmente de financiación bancaria. Hubo años que estas entidades crecieron a un ritmo del 80% anual. Esto se unía a que los bancos, impulsados por un programa oficial, tenían un amplio programa de préstamo para grupos de autoayuda, integrados por entre 10 y 20 mujeres. Durante 2010 se produjo una oferta pública de venta de una gran entidad microfinanciera, SKS Microfinance, que tuvo gran aceptación. El foco de las entidades estaba puesto en la rentabilidad, lo que llevaba a altos tipos de interés y procedimientos de recobro estrictos.*
>
> *Los grupos de prestatarios se encontraron con que tenían acceso a préstamos a través de diferentes fuentes y por diferentes importes, algunos superiores a los tradicionales. La competencia se incrementó. Se produjeron decenas de suicidios que fueron relacionados con la imposibilidad de repagar, la autoridad estableció obligaciones legales estrictas, los altos tipos de interés y la rentabilidad de las instituciones fueron cuestionados, la*

posibilidad de altos impagos se hizo más evidente y el sector sufrió una fuerte crisis.

—

Beatriz Marulanda ha desarrollado para la Fundación Calmeadow[3] un análisis sobre las principales causas de fracaso de algunas de estas instituciones; no significa que las instituciones, en cuanto modelo, hayan fracasado, en absoluto, sino que las que han fracasado lo han hecho por una serie de fallos principales de los que se pueden extraer algunas lecciones.

Consideración previa: no hay un modelo perfecto de institución al que adecuarse; quien obtuvo éxito aquí no necesariamente lo obtendrá allá; aún más: no es necesario que existan instituciones microfinancieras en cada país. No han sido las crisis económicas *per se* las que han causado quiebras en entidades microfinancieras, aunque obviamente las han perjudicado; lo que ha pasado es que, ante las crisis, hubo administradores que utilizaron técnicas típicas de instituciones financieras para enmascarar sus efectos mientras pudieron.

Entre los grandes grupos de errores, los primeros son los **metodológicos**. Las instituciones microfinancieras han desarrollado una tecnología que ya es clásica y que tiene varios elementos fundamentales, como son los plazos cortos de vencimiento, la puesta a disposición gradual del importe y un análisis de riesgo descentralizado, así como la cercanía de los asesores a las familias y negocios para evaluar la capacidad de repago; esta cercanía es de especial importancia en mundos de economía informal. Los incentivos que paguen las entidades microfinancieras a sus equipos comerciales deben promover no solo la generación de nuevos préstamos sino también su calidad, buscando un equilibrio entre ambos factores. Si se utilizan

---

[3] Lo Bueno de lo Malo en Microfinanzas. Lecciones Aprendidas de Experiencias fallidas en América Latina. Beatriz *Marulanda, Lizbeth Fajury, Mariana Paredes, Franz Gómez. Trabajo realizado bajo contrato con Calmeadow. Junio 2010.* Disponible en *http://www.microfinancegateway.org/*. Sus consideraciones son la base de este apartado.

los créditos a grupos de personas, esto deberá ser incluido en el diseño del producto.

Algunos bancos tradicionales se han incorporado al segmento del microcrédito trasplantando su metodología convencional y sin aplicar la del sector. La metodología a menudo trasplantada, con alguna adaptación, ha sido la del *credit scoring*, con sus parámetros estandarizados. La utilización sin matices de los métodos de *credit scoring* genera múltiples problemas, como son que la preponderancia de la economía informal no permite construir historiales de repago, que los flujos de fondos son más inestables o que los aspectos cualitativos son de integración muy difícil en los modelos informáticos. Asimismo se puede producir el efecto contrario, que es el de favorecer el **sobreendeudamiento** del cliente, cuando una aplicación del *credit scoring*, la búsqueda de la rentabilidad y el crecimiento como objetivos en sí mismos y una falta de análisis cercano del cliente lleven a autorizar un préstamo a alguien que, razonablemente, no lo podrá devolver.

Las entidades pueden centrarse en el microcrédito o expandirse a las demás áreas, como el propio microcrédito para vivienda, los depósitos o los seguros. Cuando una entidad se plantea no solo otorgar microcréditos, sino **atender de manera general las necesidades financieras de sus clientes**, eso tiene un efecto directo, que es movilizar el propio ahorro de la comunidad y dotarla de una cierta capacidad inversora independiente, y tiene un importante efecto indirecto: al recibir dinero de sus depositantes (o préstamos de sus financiadores), por el que tienen que responder y generar una rentabilidad, no pueden hacer aventuras con la inversión, ni desperdigarse en proyectos no rentables, e incluso han de ser cuidadosas con las innovaciones. Se hace más evidente la importancia de tener una **cartera de préstamos de buena calidad**, lo que se consigue con un sistema de análisis y contratación de calidad y cercano al cliente.

Eso se integra en un sistema general de administración de riesgos, incluyendo políticas de recobro, que debe ser integral y no demasiado agresivo ante situaciones de reestructuración general. El mayor motivo que tiene un cliente para reembolsar su préstamo es poder acceder al siguiente, por lo que un bloqueo general del crecimiento de la cartera podría generar efectos nocivos en cascada.

Un sistema de contratación que consiga una cartera de buena calidad crediticia depende del diseño del programa de incentivos comerciales. Un fallo metodológico ha sido el diseño de programas de incentivos enfocados de manera excesiva al crecimiento rápido mediante la venta de nuevos préstamos, pero sin excesivas atenciones a la calidad de estos; simultáneamente ha habido una gestión lenta y poco estructurada de las acciones de recobro.

El segundo gran motivo de fracaso son **los fraudes sistemáticos**, los cuales han tenido lugar en dos niveles. El primero, el de los gestores, accionistas o no, mediante el otorgamiento de créditos a empresas vinculadas y maniobras contables de ocultación, así como gastos personales cargados a la compañía y acciones similares. El segundo se refiere a la propia fuerza de ventas, compartiendo bonificaciones de venta con los propios clientes.

Los casos de fraude en un sector de la economía social son especialmente penosos por la contradicción que suponen con los propios fines de la institución que a, su vez, y debido a esas finalidades, recibe con frecuencia subvenciones o donaciones. Estos casos ponen de manifiesto la necesidad de disponer de sistemas de gestión y control probados, con unidades de contabilidad e información financiera, auditorías internas, profesionales en los órganos de dirección y consejos de administración, así como supervisión por agencias públicas especializadas. En definitiva, las instituciones microfinancieras son también parte del sistema financiero y como tales deben ser controladas.

—

Los fraudes son consustanciales a los bancos de cualquier tiempo y nivel de desarrollo.

Cohen señala **un caso de fraude ya en los tiempos de la Grecia clásica:** «*"Los tesoreros de Atenea, guardianes del dinero de la diosa y tesoreros de los otros dioses, fueron puestos en prisión después de haber* *incendiado el Opisthodomos, parte del sagrado complejo de la Acrópolis, tratando de evitar que se detectase que habían entregado dinero sagrado a algunos banqueros. El esquema estaba bien concebido: el dinero que estaba en el suelo en el Opisthodomos se prestaba a los banqueros, aprovechándose de la confidencialidad de las transacciones bancarias para evitar que nadie ajeno a la trama se enterase de que los propios tesoreros se estaban beneficiando. Al ser devuelto, los tesoreros hubieran podido quedarse con el importe ganado sobre la cantidad entregada, y la diosa hubiera visto sus fondos devueltos, sin incrementar, como si hubieran permanecido sin tocar en el Opisthodomos. Pero la estafa se descubrió cuando los bancos no pudieron devolver el dinero.»*

—

Otro motivo de fracaso ha sido la **búsqueda del crecimiento rápido** mediante la incorporación simultánea de nuevos equipos humanos sin consolidar previamente los ya existentes, o mediante apertura a la vez de varias oficinas, sin haber generado una interna de control y rigor, o modificando productos para su mejor venta, extendiendo plazos, cambiando cuotas, y sin acompañar esta búsqueda del crecimiento con una gestión general más profesional. En situaciones de exceso de liquidez en el mercado las entidades tradicionales pueden caer en la tentación de la expansión por sí misma, y esto también les sucede a las instituciones microfinancieras.

Este tipo de fracaso tiene lugar cuando el sector se identifica como potencialmente rentable y se pretende crecer en él, moviendo el foco totalmente hacia la rentabilidad y la competencia. Los costes de estas entidades son altos pero los tipos de interés que pagan los prestatarios son también altos; son tipos de mercado, incluso superiores, pero en todo caso menores a los que obtendrían de los prestamistas informales. Los dos factores permiten, en áreas concretas y para segmentos determinados, una competencia fuerte por la rentabilidad. Ya se ha mencionado la crisis de las entidades microfinancieras de Andhra Pradesh. Es necesario un análisis global de la rentabilidad de la institución, asignando un coste a cada producto, zona y tipo de cliente, estimar la duración del negocio y permitir la incorporación de inversores directos en el capital de la entidad.

El cuarto tipo de fracaso lo constituye la **pérdida del objetivo por la institución**, cuando, además de desarrollar su actividad microfinanciera, se dedica a actividades complementarias, útiles para sus clientes (como formación o intermediación, o desarrollo inmobiliario) pero que no constituyen su área de especialización y a las que dedica recursos que deben producir una rentabilidad adecuada. También se puede dar cuando dentro de la propia actividad financiera no se es eficiente, haciendo, por ejemplo, microsegmentaciones de productos. En este sentido, la población objetivo, los pobres, no es internamente homogénea, por lo que se podría acabar atendiendo a los subsegmentos más rentables y olvidando a los que están por debajo en esa escala.

Si recordamos los bancos éticos que hemos mencionado antes, hay, por ejemplo, un caso, el de Oiko, que ha diseñado un entramado legal cuyo objetivo es que la entidad financiera realice solo actividades financieras, mientras que otras fundaciones reciben y gestionan los fondos recibidos para fines no inmediatamente financieros.

El **inadecuado diseño** es otro motivo de fracaso. Se puede deber a la no existencia de mercado en un territorio concreto, porque simplemente no haya microempresarios potenciales. Puede ser también debido a que ya hay oferta financiera suficiente, puesto que los sistemas de la banca convencional se van filtrando hacia más capas de la sociedad y las necesidades de financiación estén parcialmente cubiertas por otras instituciones, o a que la forma jurídica no se demuestre eficaz.

El sexto tipo de fracaso se relaciona con la **intervención estatal**, que puede resultar contraproducente de varias maneras. Las instituciones microfinancieras han adquirido un tamaño y una visibilidad pública que las hacen sensibles a una **utilización política**; pueden tomarse en consideración criterios políticos para conceder los créditos, pasando por encima de criterios de análisis de riesgo. Las administraciones pueden proporcionar tipos de interés preferenciales respecto al mercado e inconsistentes con la capacidad de repago del sistema, expulsando así a entidades que, por sí mismas, aplicarían tipos mayores o criterios más estrictos. La intervención pública puede **relajar la disciplina de pago**, por las mayores probabilidades de refinanciaciones generalizadas y la dificultad de desarrollar una política de recuperación. Las actuaciones públicas pueden no ser **sostenibles a lo largo del tiempo** y retrasar el desarrollo de iniciativas privadas, que son las que, en un sistema bien estructurado, habrían de perdurar.

La intervención pública puede generar una financiación excesiva a las entidades, directamente o por líneas de redescuento, lo que a su vez puede provocar una relajación de los criterios a la hora de otorgar préstamos. Si la intervención se lleva a cabo mediante el otorgamiento de garantías, la misma existencia de garantías puede conducir también a una relajación a la hora de la concesión y la del repago. En definitiva la intervención pública no medida puede retardar el lanzamiento y sostenimiento del sector de microcréditos.

La financiación externa también puede provenir de instituciones de países desarrollados. Estas instituciones son a menudo privadas y pueden otorgar donaciones, realizar préstamos, comprar participaciones o actuar de otras formas; los importes pueden ser relativamente grandes, mayores de lo que la institución microfinanciera podría captar en su propio entorno. Esto puede ocasionar dos tipos de problemas. El primero de ellos, común a cualquier entidad financiera, sería el crecimiento rápido descontrolado, simplemente robando clientes a otras instituciones. Hay otro tipo de problema: un sistema financiero es eficaz y duradero cuando capta los ahorros de su sociedad y los transforma en préstamos a otros miembros de esa sociedad, a otros plazos y tipos de interés y con una política de diversificación adecuada. Esta actividad es coherente con el hecho de que los integrantes de la sociedad necesitan no solo financiación, sino, además, gestión de sus ahorros, capacidad de hacer pagos o seguros adaptados a sus necesidades. Una política de financiación externa irregular y duradera puede acabar retardando la creación de un sistema financiero en la sociedad receptora.

—

Hay que recordar la utilidad de un sistema financiero en todos sus aspectos, también en el de la captación de ahorro.

Según Asif Dowla y Dipal Barua: ***«Grameen encontró que el potencial de ahorro es muy grande, incluso en la parte más baja de la pirámide.*** *Los planes de ahorro contratados han permitido a los pobres escapar de la trampa del bajo ahorro. El ahorro en grandes cantidades por algunos miembros del grupo ha animado a otros miembros, y a personas que no lo son, a ahorrar más. En muchas sucursales el ahorro supera con gran diferencia a los préstamos.»*

—

El estudio de Beatriz Marulanda plantea que **las entidades financiadoras requieran a las instituciones microfinancieras locales que cumplan parámetros de relación entre recursos captados de terceros y de su público objetivo, así como entre capital y deuda, con el objetivo de permitir su propio desarrollo natural en el futuro.**

El papel de las entidades públicas, y de las grandes entidades privadas, pudiera ser el de hacer de puente para que las entidades microfinancieras más pequeñas o en fase de creación se fueran asentando y evolucionaran hacia organizaciones más formales. En sentido contrario, las entidades que tienen que desembolsar en un determinado plazo unas cantidades ya presupuestadas pueden hacerlo a través de las entidades microfinancieras ya conocidas y estables, que podrían captar inversores privados, pues es más fácil gestionar relativamente pocos desembolsos a través de entidades conocidas que realizar un número mayor de inversiones a través de entidades menos conocidas; podrían por tanto no favorecer el desarrollo del mercado.

A todo esto ¿quién es el dueño de las entidades microfinancieras? y ¿quién las dirige? **A veces los accionistas son personas o entidades no profesionales** —ONGs que saltan al otro lado de la barrera creando la institución, o inversores altruistas— que se encuentran alejadas de los órganos de gestión, con dificultades para asistir a reuniones y dependientes de un consejo de administración que no incluye a profesionales financieros. Esto provoca que, cuando una institución se encuentra en dificultades, estas son difíciles de identificar por los propietarios en una fase inicial y, además, que si es necesario recapitalizar la sociedad con aportaciones adicionales, los propietarios no disponen de fondos para ello. Los accionistas deben plantearse no involucrar todos sus fondos en la institución y tener mecanismos de información y gestión que les permitan reacciones rápidas.

Las mayores causas de crisis de las instituciones financieras han sido las relacionadas con su **gobernabilidad**. No se trata de que la crisis de la institución derive directamente de la crisis económica, sino que deriva de una reacción inadecuada ante dicha crisis. Los problemas de gobernabilidad en general, y de reacción ante las crisis en particular, no están relacionados con el hecho en sí de ser instituciones microfinancieras, sino más bien con el hecho de ser **instituciones jóvenes** dentro del sistema. Algunos factores relacionados con la gobernabilidad son:

- ✓ Concentración de funciones en una sola persona. Las instituciones que nacen por el empuje de un líder carismático pueden encontrarse con que esta persona concentra todas las funciones, sin que haya un sistema de contrapesos entre diferentes funciones especializadas. A su vez, este líder puede reaccionar huyendo hacia adelante, ocultando pérdidas, así como utilizar, o permitir utilizar, la institución en beneficio propio por motivos económicos, de reconocimiento social o de carrera política.
- ✓ Debilidad de los consejos de administración, bien sea no proporcionándoles la información necesaria o incorporando a personas de perfil inadecuado o que no tengan la independencia de actuación conveniente.
- ✓ Y, por fin, falta de órganos de control. Esto se refiere tanto a la existencia de unidades de auditoría y control como a su capacitación técnica y su independencia dentro de los niveles jerárquicos de la empresa, evitando, por ejemplo, que dependan del director general al que controlan.

La progresiva profesionalización de las entidades las puede llevar a ser entidades económicamente rentables, a funcionar como negocio, generando en sus gestores comportamientos dirigidos exclusivamente a maximizar el beneficio, subiendo tipos de interés o desatendiendo segmentos. Este debate nos lleva a identificar los **criterios de inversión de los accionistas, que deben combinar la rentabilidad del negocio con su vocación social.**

Y la regulación, ¿qué puede hacer? Si se capta ahorro público, debe establecerse una normativa como la de otras entidades financieras, que proteja los intereses de los ahorradores. Si la financiación procede de fondos privados de terceros, serán los financiadores quienes deban fijar las reglas. En todo caso, claramente sería su interés establecer criterios de análisis de riesgo comunes y homogeneizar los sistemas de información.

En la Cumbre del Microcrédito de 2014 se identificaron diez razones principales por las que los pobres reciben menos préstamos, razones que están en buena parte consideradas en el análisis anterior. Son estas: La crisis de Andhra Pradesh, la maduración de algunos mercados, la crisis económica mundial, el cansancio del inversionista en estas entidades, el del donante, cierta mentalidad de rebaño (se acude solo donde hay otra institución ya instalada), la falta de homogeneidad de la información, los problemas de información, los incentivos desalineados (es más costoso atender a los pobres cuanto más pobres y más aislados) y la falta de herramientas para medir si se alcanza la meta final real, que las personas salgan por sí mismas de la pobreza.

Parada y fonda.

Los bancos convencionales han afinado sus procesos de atención segmentada a los clientes mientras que las instituciones microfinancieras han desarrollado sus técnicas de gestión y se han enfrentado a diversos problemas que no necesariamente derivan de su propio objetivo de atender a los excluidos.

Los bancos han vivido un proceso de tecnificación creciente que les ha permitido disponer de más y más datos, almacenarlos y crear modelos para su análisis. La tecnología y las comunicaciones han permitido el acceso a distancia a los servicios bancarios; y la competencia y la globalización han obligado y permitido la búsqueda de la rentabilidad mejorando los productos y estableciendo los canales. Los productos bancarios han alcanzado cada vez a más gente, pero, cuando un segmento de clientes no ha sido rentable, ha dejado de ser atendido; y cuando un segmento deja de ser atendido el nivel de información sobre él disminuye, lo que hace que volver a prestarle servicio sea un proceso lento.

La tecnificación y la gestión de la información han tenido especial incidencia en la concesión de créditos, donde el uso del *credit scoring* ha dejado fuera de juego a gente. Esto se podría compensar si, para aprobar una solicitud, se tomara en mayor consideración la información obtenida por el conocimiento del cliente y su entorno a lo largo del tiempo; en este principio se basa la banca relacional, pero este tipo de relación bancaria requiere gran cercanía al cliente, un elevado número de sucursales y mucha dedicación. La información así obtenida es difícil de expresar en parámetros y datos que se puedan integrar en modelos informatizados; la banca relacional es un método caro y por tanto es complicado que se llegue a aplicar a un segmento de muchos clientes, y más si se trata de un segmento de grupos dispersos.

El tratamiento de los segmentos por medios de banca a distancia, la aplicación no medida del *credit scoring* y la búsqueda de la rentabilidad y el crecimiento como fines en sí mismos, puede llevar a conceder créditos que, mediante un análisis más cercano, se haría evidente que no iban a ser reembolsados Se puede propiciar el sobreendeudamiento de los más vulnerables.

A lo largo de su evolución económica, los sectores desfavorecidos son atendidos cuando su situación mejora algo y se integran en la economía formal necesitando inicialmente cuentas corrientes o medios de pago.

¿Y puede haber un modelo de banca que, en su vocación principal, esté muy pegada a las necesidades financieras de su propia comunidad sin que la búsqueda de la rentabilidad le aleje de algunos de sus clientes naturales?

Los modelos de banca cooperativa son una de las respuestas posibles; son modelos en los que ahorradores y prestatarios constituyen el mismo colectivo. Estos modelos tienen un crecimiento lento, tanto por la limitación del propio volumen de recursos como porque su estructura los liga a pequeñas comunidades o asociaciones. Las bancas públicas o semipúblicas, como las cajas de ahorros se han visto tocadas durante La Crisis y reconvertidas en bancos.

Los modelos de *community banks* en Estados Unidos siguen adelante. Son instituciones privadas con una atención vocacional a su propia comunidad, a los pequeños negocios y explotaciones, en un país enorme y con diversos supervisores financieros; tienen una participación significativa en los préstamos de pequeño importe.

Si los bancos convencionales no se acercan, o apenas lo hacen, a los sectores marginales, ¿qué pasa con las instituciones microfinancieras, cómo les ha ido?

Pasa, en primer lugar, que se encuentran principalmente en otro entorno, donde las bolsas de pobreza son, en el mejor de los casos, muy significativas, lo que ayuda a la corrupción o a la manipulación política de esas instituciones. Los problemas que han atravesado son variados: en algún caso han actuado como bancos convencionales, ofreciendo los mismos productos a diferente escala; en otros casos no han integrado las características de las instituciones financieras y no se han dotado de órganos de control, sistemas de información u otros elementos similares. Hay instituciones que no se han enfrentado a las crisis sino que las han ocultado. El salto de organización social con éxito a institución financiera formal también ha sido difícil. Lo más significativo de los tipos de fracaso mencionados es que no afectan al núcleo de la actividad microfinanciera: no indican que no sea viable. Hay una paradoja más: parece que hay instituciones que buscan el crecimiento por sí mismo, lo que puede generar problemas si en ese intento de crecer no se combina rentabilidad con calidad de la cartera. En esta profesionalización del sector no hay que descartar que se pueda producir una sub-segmentación, esto es, que se atienda solo al segmento de los pequeños asalariados o negocios, dejando fuera al resto.

El papel de la financiación o donación pública o privada parece que debe ser el de ayudar a la creación de sistemas financieros propios, que son los que proporcionarán estabilidad a lo largo del tiempo.

En resumen, los sistemas convencionales dejan huecos de clientes en su capacidad de servicio, mientras que los problemas de los sistemas microfinancieros no parecen ser debidos a su característica central de ser un negocio microfinanciero, sino a otras razones.

4. LA EXCLUSIÓN FINANCIERA.

Las personas excluidas del sistema.

Llevamos muchas páginas hablando de sistemas, instituciones, políticas, criterios o índices. Estamos intentando analizar hasta qué punto son útiles, pero, ¿útiles a quién?

A las personas financieramente excluidas. Denominamos así a quienes que tienen dificultades para acceder o utilizar los servicios y productos financieros del sistema bancario, especialmente aquellos servicios y productos que les permitirían cubrir sus necesidades y desarrollar una vida social normal en su comunidad. La exclusión financiera es un aspecto más de la exclusión social que padecen, por ejemplo, las personas sin casa, trabajo, empleo o cobertura sanitaria. De manera más general, **las personas en situación de exclusión social lo están por la combinación de tres factores**: en primer lugar, un **bajo nivel de ingresos**, determinado por situaciones de desempleo y escasas coberturas de paro; el segundo factor es un **bajo acceso a los servicios sociales básicos,** como la educación o la sanidad, o los servicios financieros; y el tercer factor es un **entorno, social o familiar, deprimido** o, al menos, generador de obstáculos. Estos elementos se dan en cada caso en diferente proporción y constituyen un círculo vicioso de difícil salida y que puede perdurar. Esa diferente proporción hace que los grupos en situación de exclusión no sean homogéneos y sea más práctico analizar los diferentes aspectos de la exclusión, eligiendo sobre cuál actuar.

Así, **en el caso de Grameen, se apuesta por el crédito como palanca para salir de la pobreza**, llegando a señalar que otros aspectos, como la formación a los pobres no estaban en el objetivo de Grameen, lo que era contrario a lo que indicaban las políticas de cooperación.

Lo explicaba así Yunus en El Banquero de los Pobres: «**El hecho de que las personas pobres estén vivas es prueba más que suficiente de su capacidad.** *Así que, en vez de malgastar nuestro tiempo enseñándoles nuevas habilidades, tratamos de emplear al máximo las ya existentes. Permitiendo que las personas pobres tengan acceso a créditos, hacemos inmediatamente posible que pongan en práctica las habilidades que ya conocen: tejer, descascarillar arroz, criar vacas, explotar un* rickshaw. *El dinero que ganan se convierte a su vez en una herramienta, una llave que abre la puerta a un sinfín de otras capacidades y les permite explorar su propio potencial. (...) Los expertos en paliación de la pobreza insisten en afirmar que la formación es de una importancia vital para que las personas pobres asciendan posiciones en la escala económica. Pero cuando se sale al mundo real, resulta inevitable comprobar que las personas pobres no son pobres porque no hayan recibido formación o porque sean analfabetas, sino porque no pueden retener los rendimientos de su trabajo. No tienen ningún control sobre el capital y es, precisamente, la capacidad para controlar el capital la que confiere a las personas el poder para salir de la pobreza. (...) ¿Por qué no pueden controlar ningún capital? Porque no lo heredan, como tampoco heredan un buen historial crediticio y nadie les garantiza el acceso a créditos porque no se les considera unos receptores válidos.*»

Hay que señalar la importancia actual de *lo financiero*. Nos encontramos en una sociedad en la que las relaciones entre sus integrantes se han *financiariado* en exceso, esto es, que, para desarrollarse, cada vez necesitan más algún componente financiero; en este tipo de sociedad la relación entre exclusión financiera y exclusión social se hace más profunda.

La exclusión financiera puede venir determinada por aspectos puramente individuales, como no entender una determinada terminología, de acceso a productos específicos o por razones de edad, por vivir en áreas geográficas deprimidas o por otros motivos. La población emigrante o sobreendeudada puede encontrarse en esta situación; la población vulnerable puede caer en una situación de exclusión por motivos puntuales, como no encontrarse asegurado y sufrir algún infortunio.

Al hablar de exclusión financiera se habla de algo más que de no recibir préstamos. Se refiere también a no poder acceder a productos de ahorro, que además de cumplir su propia función, permitieran distribuir los pagos en el tiempo y añadieran una cierta seguridad ante necesidades imprevistas o como complemento de pensiones; a no poder utilizar otros medios de pago, como las tarjetas; o a no disponer de seguros adecuados, que pueden, o bien no existir para las coberturas necesarias, o bien constituir un gasto excesivo para una familia con recursos escasos. En general se refiere a una disponibilidad continua en el tiempo y con condiciones estables y conocidas de los productos necesarios para la vida habitual.

———

Cuando no hay medios y hay necesidades surgen, dentro de las comunidades, propuestas como las de intercambio de servicios entre personas, sin cobrar por ello. Un ejemplo son los bancos de tiempo.

Según indica La Vanguardia respecto a Barcelona (25/05/2010, Mª Paz López, Isabel S.Cobaleda): «Será por la crisis económica o porque en una sociedad urbana con prisas y estrés, el tiempo es un valor al alza. Por uno u otro motivo, cada vez más barceloneses han decidido invertir en ese material precioso. **Los bancos de tiempo, entidades que arbitran el intercambio gratuito de servicios por un tiempo determinado entre personas que quieren echar una mano y a la vez recibir alguna compensación**, están creciendo. En el último año, han surgido o se han consolidado en distintos barrios de la ciudad siete bancos de tiempo, en los que participan unas 1.500 personas. (...)

»Los bancos de tiempo funcionan sin dinero, y el intercambio de conocimientos, servicios y habilidades es la moneda de cambio. Todo el mundo tiene algo que ofrecer y también necesidad de pedir algo en algún momento. Por eso, esta iniciativa se basa en la reciprocidad. Todos los servicios tienen el mismo valor; lo importante es que se lleven a cabo en el plazo de una hora.

»El funcionamiento es sencillo: al inscribirse, el nuevo miembro rellena una ficha con los servicios que ofrece y los que aspira a obtener, y recibe una lista con los datos del resto de los socios y sus números de teléfono. Los miembros se ponen en contacto entre sí directamente, sin *necesidad de pasar por la secretaría. Además, reciben un talonario de tiempo en el que apuntan el número de horas dedicadas a un servicio, y le entregan un cheque a la otra persona una vez finalizado el intercambio. Mensualmente, los socios entregan los cheques a la secretaría, que controla así que no haya un desequilibrio exagerado entre tiempo dado y recibido.»*

Los **motivos de la exclusión** son variados. Uno puede ser el **geográfico**, por falta de una entidad financiera cercana a la que se pueda acceder. La segmentación por zonas permite a las entidades decidir dónde instalan sus sucursales, produciéndose una desertización bancaria en otras zonas, incluso por una retirada de sucursales en ellas. El cliente se puede ver además excluido por otros motivos, como no comprender el idioma, por una **imposibilidad de comunicación**, por diferencias culturales o debido a la poca familiaridad con algunos servicios bancarios.

Un motivo significativo de exclusión es que **el cliente no encaje en los parámetros de riesgo** de cada entidad, o porque, siendo aparentemente aceptable, al aplicarle los criterios de riesgo, se le impongan unas condiciones inasumibles, por requerirse unas garantías inalcanzables, por ofrecerse unos plazos inadecuados o por establecer un tipo de interés alto que muestra que el cliente no es realmente aceptable para la entidad.

Al hablar de condiciones inasumibles de un préstamo hay que caer en la tentación de transcribir un diálogo de una famosa sátira, El Avaro, de Molière. La cita es muy larga, pero muy descriptiva al llevar al paroxismo el tipo alto de interés y la escasez real del préstamo que ofrece el usurero.

En la acción, Cleanto, hijo del avaro Harpagon, necesita un préstamo de quince mil francos. Su criado Flecha se lo pide al intermediario, que a su vez los conseguirá del prestamista. Esto es la conversación entre Flecha y Cleanto tras la gestión:
«CLEANTO. ¿Tendré los quince mil francos que pido?
»FLECHA. Sí, mas con algunas pequeñas condiciones, que habréis de aceptar si deseáis que las cosas se lleven a efecto.
»CLEANTO. ¿Te ha hecho hablar con el que debe prestar dinero?
»FLECHA. ¡Ah! Realmente, no es así. Pone él aún más cuidado que vos en ocultarse, y son estos misterios mayores de lo que pensáis. (...)

»**FLECHA**. He aquí algunas cláusulas que él mismo ha dictado a nuestro intermediario para que os sean enseñadas antes de hacer nada: «Supuesto que el prestamista confirme todas sus garantías y que el prestatario sea mayor de edad y de una familia con caudal amplio, sólido, asegurado, claro y libre de toda traba, se extenderá un acta auténtica y exacta ante un notario que sea lo más honrado posible, y el cual, para esos efectos, será escogido por el prestamista, a quien interesa más que esa acta esté debidamente redactada.»

»**CLEANTO**. Nada hay que decir a esto.

»**FLECHA**. «El prestamista, para no cargar su conciencia con ningún escrúpulo, pretende no dar su dinero más que al cinco y medio por ciento.»

»**CLEANTO**. ¿Al cinco y medio? ¡Pardiez! Eso es honrado. No puede uno quejarse.

»**FLECHA**. Es cierto. «Mas como el mencionado prestamista no tiene en su casa la suma de que se trata, y, para complacer al prestatario, se ve obligado él también a pedirla prestada a otro, sobre la base del veinte por ciento, convendrá que el referido primero prestatario abone ese interés, sin perjuicio del resto, considerando que sólo por complacerle el susodicho prestamista se compromete a ese préstamo.»

»**CLEANTO**. ¡Cómo, diablo! ¿Quién es ese? Así resulta más del veinticinco por ciento.

»**FLECHA**. Es cierto, y así lo he dicho. Tenéis que pensarlo.

»**CLEANTO**. ¿Qué quieres que piense? Necesito dinero, y tengo que acceder a todo.

»**FLECHA**. Ésa ha sido mi respuesta.

»**CLEANTO.** ¿Hay algo más?

»**FLECHA**. Escuchad. Se trata sólo de una pequeña cláusula: «De los quince mil francos solicitados, el prestamista no podrá entregar en dinero más que unas doce mil libras; y para los mil escudos restantes tendrá el prestatario que aceptar las ropas de vestir y de la casa, y las joyas, cuyo inventario va a continuación, y que el referido prestamista ha justipreciado, de buena fe, en el precio más módico que le ha sido posible.»

»**CLEANTO**. ¿Qué quiere decir eso?

»**FLECHA**. Escuchad el inventario: «Primeramente, un lecho de cuatro patas con cenefas de punto de Hungría, sobrepuestas con gran primor sobre una sábana color aceituna, con seis sillas y el cobertor de lo mismo; todo ello bien dispuesto y forrado de tafetán tornasolado rojo y azul. Más un dosel de cola, de buena sarga de Aumale, rosa seco, con el fleco y los galones de seda.»

»**CLEANTO**. ¿Qué quiere decir eso?

»FLECHA. Esperad: «Más un tapiz de los Amores de Gambaud y Macea. Más una gran mesa de nogal, de doce columnas o pilares torneados, que se alarga por los dos extremos, provista, además, de sus seis escabeles.»

»CLEANTO. ¿Con quién trato, pardiez?

»FLECHA. Tened paciencia. «Más tres grandes mosquetes guarnecidos de nácar de perlas, con las horquillas correspondientes haciendo juego. Más un horno de ladrillo, con dos retortas y tres recipientes, muy útiles para los aficionados a destilar.»

»CLEANTO. ¡Me sofoca la rabia!

»FLECHA. Calma. «Más un laúd de Bolonia, provisto de todas sus cuerdas o poco menos. Más un juego de boliches y un tablero para damas con un juego de la oca, modernizado desde los griegos, muy apropiado para pasar el tiempo cuando no se tiene nada que hacer. Más una piel de lagarto de tres pies y medio, rellena de heno, curiosidad agradable para colgar del techo de una estancia. Todo lo mencionado anteriormente vale honradamente más de cuatro mil quinientas libras, y queda rebajado a la suma de mil escudos, por consideración del prestamista.»

»CLEANTO. ¡Que se lleve el diablo con su consideración a ese traidor y verdugo! ¿Hase visto jamás usura semejante? Y, no contento con el enorme interés que exige, ¿quiere aún obligarme a aceptar por tres mil libras las inútiles antiguallas que ha recogido? No sacaré ni doscientos escudos por todo eso, y, sin embargo, tengo que pasar por lo que quiere, pues está en situación de hacérmelo aceptar todo y me pone, el bandido, el puñal en el cuello.»

El cliente no necesita usureros ni productos abusivos. Le hace falta tanto financiación a corto plazo, como la simple autorización de descubiertos en cuenta para llegar a fin de mes, como una financiación a mayor plazo para un proyecto de negocio. Se puede encontrar con que se le ofrecen los mismos productos que a un cliente habitual del sistema, aunque con pequeños cambios: un menor importe máximo de préstamo, un vencimiento más próximo o diferentes tipos de interés y comisiones; es decir, que se hace lo mismo a escala menor, sin modificar los conceptos. Se trata de en ese caso de un ***downscaling*, o aplicación del mismo modelo, pero no cambio de modelo**. Esta situación se puede ver agravada por tener relativamente menos información histórica del comportamiento de ese segmento; y puede empeorar si el vivir en determinada zona, que quizá está ya bancariamente desertizada, se convierte en un factor negativo.

En muchos lugares puede haber exclusiones generadas por **motivos de práctica legal**. Las normas que obligan a identificar a los clientes y obtener su documentación, así como información sobre sus necesidades, pueden expulsar del sistema a los participantes de la economía informal que no sean capaces de cumplir esos trámites. Las personas que no poseen la documentación necesaria, que no pasarían los filtros de crédito o que no quieren ser visibles fiscalmente se pueden autoexcluir.

La evolución social y económica puede provocar la aparición de bolsas de exclusión en las sociedades occidentales, en la medida, por ejemplo, en la que se incremente la distancia entre ricos y pobres, en la que se incremente el porcentaje de población de mayor edad (dependientes de pequeñas pensiones), se incrementen los hogares monoparentales o el desempleo, y varios de estos factores se den simultáneamente.

¿Y cuáles son las **consecuencias de la exclusión financiera**? Claramente una mayor debilidad y vulnerabilidad. Las personas no pueden estructurar un ciclo irregular de ingresos para acomodarlo a una estructura regular de pagos. Si los afectados recurren a prestamistas fuera del sistema (o dentro de él) a tipos de interés excesivos se sobreendeudarán. Las personas en esta situación están más expuestas a riesgos que no pueden cubrir con seguros adecuados.

Las reacciones de los excluidos son variadas. Habrá quien opte por la racionalización y trate de negociar con las instituciones financieras, para lo que será útil su familiaridad con los instrumentos financieros. Otros pueden llevar a cabo una reivindicación, agresiva o no, ante lo que consideran un mal funcionamiento de la sociedad. Quizá sientan una vergüenza y culpabilidad que les lleve a ocultarse de las entidades y a una actitud general de mayor exclusión social.

> *La exclusión financiera de sectores significativos de la sociedad tiene además un efecto general*, que es limitar las posibilidades de crecimiento mediante la movilización eficiente del ahorro que un sistema financiero adecuado lleva consigo.
>
> Un ejemplo: *la movilización del ahorro es la que produjo que, a nivel global y en otro siglo, los mayores beneficiados por el uso del Canal de Suez fueran los ingleses*. Una vez más, con palabras de **Bagehot**: «*los griegos, los sirios, los italianos, los dálmatas y los sicilianos son los que utilizarían el Canal, si alguien había de utilizarlo. Pero, por el contrario, el gran uso del Canal ha sido el de los ingleses. Ninguna de las naciones (...) tenía ni siquiera una décima parte del capital necesario para construir el gran barco de vapor que por sí mismo haría el canal rentable.*»

El cliente que quiera reaccionar acudirá inicialmente a las entidades bancarias convencionales (a la **corriente principal** del sistema). Encontrará diferente acogida entre ellas según su objetivo sea exclusivamente el beneficio económico o tengan una orientación social. Puede también acudir al **sistema alternativo**, donde se encuentran entidades comerciales con diferente nivel de legalidad (casas de empeño, prestamistas usureros) o a las entidades sociales (sindicales, parasindicales, sociales). Intuitivamente podemos estimar que la mayor eficiencia la encontraremos en los sistemas comerciales de la corriente principal. Es allí donde habrá más cantidad de recursos, la posibilidad de dotar de una mayor diversificación y menor riesgo a la cartera, intereses más ajustados y asignación a las actividades más adecuadas según la combinación entre rentabilidad y riesgo.

Las personas que necesitan crédito y no lo obtienen pueden, en grandes líneas, tener un **historial de repagos negativo** o tener **bajos ingresos**, lo que puede conducir a situaciones diferentes.

Las personas que no hayan pagado reiteradamente deudas anteriores pueden quedar en manos de entidades informales, que se encontrarán en posición de superioridad respecto al cliente, al que podrán imponer un tipo de interés usurero. A esto se puede llegar por el sobreendeudamiento generado tras épocas de gran expansión del crédito al consumo, que ha impulsado a las familias, con la colaboración de los bancos convencionales, a ir más allá de sus posibilidades; cuando se manifiestan las dificultades de repago se entra en un circuito de refinanciación progresiva que en algún momento la entidad financiadora corta abruptamente.

Las personas que no tengan un historial de créditos negativo, sino ingresos bajos, irregulares y a menudo informales, los desfavorecidos, se encuentran en una situación en la que, si necesitan crédito:

- ✓ La banca les ofrece un tipo de financiación diseñado mediante un *downscaling* de un producto estándar, por tanto requiriendo garantías, flujos de fondos estables y formales y enmarcándolo en un proceso de *credit scoring*.
- ✓ Los clientes necesitan un tratamiento más cercano a su situación personal, más propio de la banca relacional, lo que es caro para la banca convencional.
- ✓ Pero al mismo tiempo esta banca dispone de la tecnología, conocimientos, sistemas de control y experiencia que deberían permitir el mantenimiento de un sistema financiero en el tiempo.

Ante la exclusión financiera, como parte de la exclusión social, actúan en primera línea las organizaciones sociales, que son las que **identifican las bolsas de pobreza que se vayan generando, reaccionan** ante las necesidades humanas inmediatas y las hacen públicas a la sociedad. Son las que desarrollan actividades asistenciales, de acompañamiento y de colaboración en la integración. Son las que también ayudarán a resolver los problemas culturales y de entendimiento de este entorno. En su frontera con lo financiero, las organizaciones sociales hacen una labor de entendimiento de la necesidad financiera, análisis y estructuración del proyecto, su presentación y gestión, todo ello antes de la concesión del préstamo; y la pueden hacer después en la gestión de pago, seguimiento de la empresa e identificación y anticipación de problemas.

No se puede escribir sobre estos temas sin hacer referencia a **La Crisis** *iniciada en 2008.*

Copiamos parte de la nota que presentaba el Informe Foessa-Cáritas de Octubre de 2014: Aumento de la exclusión social: «*De la envergadura de este deterioro da cuenta el hecho de que el núcleo central de la sociedad española considerado en situación de integración social plena es ya una estricta minoría y en la actualidad representa tan solo el 34,3%, mientras que en 2007 superaba el 50%.*

»*Esto significa que la población excluida en España asciende ya al 25% y afecta a más de 11.746.000 personas. De ellas, 5 millones se encuentran en exclusión severa. Además, hay que tener en cuenta que 2 de cada 3 personas excluidas ya estaban en esta situación antes de la crisis.*

»*La precariedad afecta a ámbitos como la vivienda y la salud. De los 11,7 millones de excluidos, el 77,1% sufren exclusión del empleo, el 61,7% exclusión de la vivienda y el 46% exclusión de la salud.*

»*En cuanto al perfil sociológico, son las familias de mayor tamaño las que más afectadas se han visto, sobre todo familias en las que hay muchos niños y muchos jóvenes.*

»*Asimismo, se multiplica de forma generalizada la vulnerabilidad de la juventud. Dos datos: el 35% de los jóvenes vive en hogares excluidos y el 27% de los jóvenes desocupados está fuera del sistema educativo. Como se indica en el Informe, en cierto sentido puede hablarse de una* generación hipotecada».

El trabajo de las organizaciones sociales es objeto de admiración, pero no es objeto de estudio directo en este libro. Lo que sí es objeto de estudio es ver cómo el sistema financiero convencional reacciona o puede reaccionar para acercase más a los sectores desfavorecidos. Con otras palabras, si toda la reacción ha de ser altruista o puede haber un cambio estructural, por pequeño que sea, en el propio sistema financiero en este sentido.

"Los tesoreros de Atenea, guardianes del dinero de la diosa y tesoreros de los otros dioses, fueron puestos en prisión después de haber incendiado el Opisthodomos, parte del sagrado complejo de la Acrópolis, tratando de evitar que se detectase que habían entregado dinero sagrado a algunos banqueros."

La Responsabilidad Social Corporativa.

La lucha contra la exclusión financiera es una necesidad social y política de carácter global. Las administraciones promulgan normas y promueven comportamientos que tratan de que las empresas actúen con mayor atención a su entorno. Las empresas, y concretamente los bancos, toman las decisiones buscando lo mejor para el accionista, la rentabilidad económica. Se nos presentan dos preguntas interrelacionadas. La primera es si es posible incorporar al esquema de valores del accionista otros motivos para invertir, además de la rentabilidad económica esperada. Es decir, si es posible transformar el valor social de la atención a los desfavorecidos en un valor económico. La segunda es si de verdad es el accionista el único que toma las decisiones.

En este ámbito se encuentra la **Responsabilidad Social Corporativa (RSC)**, definido en la Unión Europea como el concepto mediante el que **las empresas incorporan voluntariamente las preocupaciones sociales y medioambientales en sus negocios y en la relación con los grupos que se ven afectados por ellas**, integrando estas preocupaciones e intereses con sus objetivos económicos. Las formulaciones de la RSC señalan que en una organización influyen no solo sus accionistas, sino también esos grupos de interés relacionados con ella (*stakeholders*) que, en el caso del sector financiero son los empleados, los proveedores y, de modo significativo, los clientes. Los documentos de RSC son de aplicación voluntaria; estas directivas tratan de que las relaciones con los grupos de interés se vean expresamente identificadas, medidas y plasmadas en textos de acceso público.

Dentro de la RSC se encuentran, por ejemplo, las políticas de respeto al medio ambiente, las de no discriminación en el trato a empleados y de favorecer su promoción profesional y personal, así como las relativas al servicio que proporciona la sociedad. La RSC se desglosa en diferentes capítulos, cada uno de los cuales tiene establecidos objetivos detallados, parámetros de medición y sistemas de información.

No es obligatorio aplicar estos conceptos, por lo que la extensión y profundidad de su uso real vendrán determinados por factores como la voluntad de la institución, la presión del mercado o la de los *stakeholders*.

Los objetivos de la RSC y la voluntariedad de su aplicación, junto a la imagen positiva que genera, hacen a la RSC muy susceptible de una utilización para mejora de la imagen de la organización, pero sin añadir ningún comportamiento realmente eficaz; bajo la terminología de RSC las empresas podrían incluir políticas que ya se venían practicando con regularidad y no presentando otros aspectos que quizá necesitaran más atención.

Respecto a nuestro análisis, es de utilidad definir entre los grupos de interés a los clientes, tanto actuales como potenciales, y analizar cómo cada entidad los atiende. Veamos varios ejemplos de aplicación de la RSC.

El **Informe 2013 del banco mexicano BBVA Bancomer** presenta un plan de RSC 2013-2015 que agrupa los proyectos en cuatro líneas estratégicas. Se plantean una comunicación transparente, clara y responsable. Buscan soluciones de alto impacto, como canales de bajo coste y créditos verdes. Respecto a la educación, promueven la de carácter financiero, apoyan a emprendedores y aglutinan varios proyectos en su fundación. Añaden otras actividades, como compras responsables, ecoeficiencia o inclusión de personas con discapacidad. El informe menciona datos como el de la participación de 229.000 personas durante 2013 en un programa de educación financiera o el otorgamiento de financiación preferente a diez empresas sociales tras una convocatoria a través del banco.

El **Grupo Banco Santander** indica que la sostenibilidad es desarrollar su actividad empresarial contribuyendo al progreso económico y social y teniendo en cuenta su impacto en el medio ambiente. Su informe de sostenibilidad 2013 menciona su actividad en la educación superior, la inclusión de criterios sociales y ambientales en sus operaciones de crédito, políticas para sectores sensibles, gestión de su huella ambiental, apoyo al microcrédito, promoción de la educación financiera y apoyo al voluntariado.

Presentan datos relacionados con la sostenibilidad, como la inversión social, más de tres cuartas partes destinada a su proyecto Universidades, la inversión en formación, los proyectos de energías renovables o los proveedores homologados. En su estructura hay un comité de cambio climático y uno de voluntariado y están adheridos a diversas iniciativas internacionales relacionadas con la sostenibilidad.

BBVA y Santander son sociedades por acciones. Si revisamos el informe de una caja de ahorros la amplitud de los temas es mayor. Las cajas de ahorro han sido históricamente entidades sin ánimo de lucro, sin un capital propiamente denominado como tal, y cuyos beneficios repercutían a la sociedad a través de la obra social. Tras la crisis buena parte del sector se ha integrado en otros bancos, o convertido en tales. La más importante entidad del sector, La Caixa, se ha convertido en CaixaBank, perteneciente a la Fundación La Caixa.

El Informe Corporativo Integrado 2013 de **La Caixa** reproduce en su tercera página los principios del Pacto Mundial de las Naciones Unidas, al cual está adherido el banco.

—

Estos principios son:
1. Las empresas deben apoyar y respetar la protección de los derechos humanos fundamentales, reconocidos internacionalmente, dentro de su ámbito de influencia.
2. Las empresas deben asegurarse que no son cómplices en la vulneración de los derechos humanos.
3. Las empresas deben apoyar la libertad de asociación y el reconocimiento efectivo del derecho a la negociación colectiva.
4. Las empresas deben apoyar la eliminación de toda forma de trabajo forzoso o realizado bajo coacción.
5. Las empresas deben apoyar la erradicación del trabajo infantil.
6. Las empresas deben apoyar la abolición de las prácticas de discriminación en el empleo y la ocupación.
7. Las empresas deben mantener un enfoque preventivo que favorezca el medioambiente.
8. Las empresas deben fomentar iniciativas que promuevan una mayor responsabilidad ambiental.

9. Las empresas deben impulsar el desarrollo y la difusión de tecnologías respetuosas con el medioambiente.
10. Las empresas deben trabajar contra la corrupción en todas sus formas, incluidas extorsión y soborno.

———

La Caixa estructura su responsabilidad corporativa a través de diversos capítulos: excelencia en el servicio a clientes, compromiso con la sociedad, creación de valor a largo plazo para los accionistas, apoyo a un equipo de empleados responsable y protección del entorno. Desarrollan una actividad microcrediticia a través de MicroBank. El desarrollo de los principios se aplica en múltiples capítulos de la memoria que, en sus páginas finales, incluye un cuadrante de referencias para localizar la página en la que se informa de un determinado principio o parámetro

———

El fomento e impulso a las políticas de RSC en España se coordina a través de un Consejo Estatal de Responsabilidad Social de las Empresas, en el que se integran representantes de patronales, sindicatos, organizaciones sociales y administraciones públicas.

El Observatorio de la RSC señala que las actividades de este tipo han estar vinculadas a la actividad básica de la empresa, tener una vocación de permanencia e implicar un compromiso de la alta dirección. Las empresas disponen de diferentes herramientas como los Códigos de Conducta, para definir los criterios éticos, pactos e iniciativas internacionales y diversos sistemas de gestión en áreas específicas, como los derechos humanos, el medio ambiente o el medio ambiente.

Para conocer si las acciones cumplen realmente los objetivos de la RSC es necesario disponer de **información homogénea y comparable**. Para ello se han diseñado los *AccountAbility Principles*, que se basan en los siguientes criterios:

- ✓ Inclusividad. Una organización es incluyente cuando acepta su responsabilidad ante aquellos que se ven o verán afectados por sus acciones; la inclusividad es la participación de los grupos de interés en la

definición y desarrollo de su actividad. Se trata de tener sistemas de comunicación con ellos, involucrándolos en las decisiones y gestionando las discrepancias.
- ✓ Materialidad, entendida como la identificación de los hechos generados por la empresa que tienen un impacto en los grupos de interés. Debe haber procesos que identifiquen esos hechos con impacto material; la identificación debe provenir tanto de la empresa como de los grupos de interés y debe ser analizada y servir de base para la toma de decisiones.
- ✓ Receptividad, entendida como capacidad de respuesta a las preocupaciones de los *stakeholders* por las acciones que afectan a la sostenibilidad. Se plasma en políticas, criterios, sistemas de gestión, medición o control, o en otras medidas.

Basándose en esos principios se han establecido metodologías para medir cómo se comporta la empresa en los ámbitos de su gestión, involucración de los *stakeholders*, la información sobre RSC, sistemas de medición y programas de mejora. Es decir, **se crean indicadores.**

—

Ya Grameen había establecido indicadores para identificar cuándo una familia había dejado de ser pobre. Son los siguientes:
1. *Vive en una casa que vale al menos 25.000 Tk (moneda local) o una casa con techo aislante, y cada persona de la familia duerme en una cama y no en el suelo.*
2. *Sus miembros beben agua potable de pozo, agua hervida o agua depurada utilizando pastillas purificadoras o filtros adecuados.*
3. *Todos los niños mayores de seis años van a la escuela o han finalizado la instrucción primaria.*
4. *El pago mínimo semanal del prestatario es igual o mayor a Tk. 200.*
5. *La familia utiliza letrinas sanitarias.*
6. *Sus integrantes tienen ropa adecuada para cada día, ropa de abrigo para el invierno, como jerseys, mantas o cobertores, así como mosquiteras.*
7. *Tienen fuentes adicionales de ingresos, como un huerto, árboles frutales, etc., para disponer de estos ingresos adicionales cuando les sea necesario.*

8. El prestatario mantenga un saldo medio anual de 75.000 Tk en su cuenta de ahorro.
9. La familia no tenga dificultad en realizar tres comidas razonables a lo largo del día durante todo el año, es decir, que ninguno de sus miembros pase hambre en ningún momento del año.
10. Puede cuidar su salud. Si cualquier persona enferma, la familia pueda permitirse tomar las acciones necesarias para obtener atención médica adecuada.

—

La labor de creación de indicadores e impulso a **sistemas homogéneos de información la realiza el *Global Reporting Initiative* (GRI)**. El suplemento de esa organización referente a los servicios financieros indica que se debe informar:

- Sobre los sistemas de gestión, para asegurar que la compañía dispone de políticas definidas respecto a los aspectos social y medioambiental, de la entidad y sus clientes.
- Sobre sus productos y servicios, para, por ejemplo, conocer las cifras de negocio por segmento (incluyendo clientes microfinancieros y pymes) así como por cada producto con una finalidad social o medioambiental específica. Se ha de informar sobre los sistemas de auditoría utilizados para verificar la aplicación de las políticas sociales y medioambientales; también se han de incluir datos de las entidades o activos pertenecientes a la sociedad, su impacto social y medioambiental y sobre el ejercicio de los derechos de voto.
- Sobre los aspectos más relevantes de la comunidad en la que se integra y el impacto sobre ella, incluyendo, por ejemplo, información relativa a su huella ecológica.
- En lo puramente social, el GRI requiere información sobre el acceso a los servicios en zonas de baja densidad de población o por los más desfavorecidos, así como sobre las iniciativas para mejorar la educación financiera.
- Se requieren además otros indicadores referidos a la capacidad y gestión financiera de las familias.

La Responsabilidad Social Corporativa es en definitiva un ámbito de actuación muy elaborado, diversificado y amplio, cuya implantación viene favorecida por medidas de presión social y que incluye, entre otros, el alcance de los servicios financieros a toda la población.

—

Las iniciativas de inclusión financiera

¿Quién puede promover la inclusión financiera de los sectores que se encuentran fuera del sistema? Lo pueden hacer diversos agentes y de diversas maneras. La pueden impulsar la administración y los supervisores oficiales, las entidades financieras de carácter social y las organizaciones de todo tipo. En el ámbito de la RSC se mezclan todos los papeles.

La exclusión financiera puede producirse por la combinación de razones sociales, económicas y de oferta o demanda de servicios financieros. El sistema financiero que quiera luchar contra ese tipo de exclusión ha de adaptarse a unos desfavorecidos que tratan de mejorar su situación económica. Deberá, por ejemplo, analizar y ayudar a que los proyectos de negocio que presenten sean viables, o apoyar a las asociaciones de comercio justo que busquen proporcionar salida al mercado para los productos. La implicación con su sociedad ha de ser fuerte para ser eficaz.

El desarrollo de **iniciativas dirigidas específicamente a la inclusión financiera se está incorporando a las agendas de los diferentes supervisores financieros**, que hasta ahora se centraban en la estabilidad del sistema, la protección a los consumidores o la transparencia del mercado. Los supervisores establecen unidades y sistemas de información para favorecer la inclusión.

Los sistemas de información deben proporcionar datos de la población afectada, como indicadores de acceso al sistema o de uso real de los servicios. Se debe conocer el uso de productos bancarios por segmento de población, subdividiéndolo, por ejemplo, por nivel de renta, tipo de comunidad o disponibilidad por áreas y grupos sociales. Este sistema de información debería ser coherente con un sistema de información social general que permitiese cuantificar los grupos en situación de exclusión, aunque lo hiciera simplemente utilizando procedimientos indiciarios (como mayores sin pensión, hogares sin seguro o criterios similares).

Cualquier producto debe estar diseñado y posicionado para solucionar una necesidad, ha de tener un precio adecuado al servicio que proporciona y ser fácil de entender. Los productos para los desfavorecidos deben ser más flexibles que otros, puesto que la inestabilidad financiera del cliente es mayor, pero, además, hay que hacérselos llegar a su territorio o su comunidad. Los supervisores financieros pueden promover acciones que favorezcan una mayor presencia de la oferta financiera, **el mayor acceso y uso de más productos financieros por una capa mayor de la población**.

El Reporte de Inclusión Financiera de Junio 2011 del supervisor financiero de México presenta como indicadores de acceso las sucursales, corresponsales, cajeros automáticos y terminales en punto de venta, y señala el impulso que ha dado el país a **los corresponsales no bancarios como medio de inclusión financiera** al permitir un acceso por mayor parte de la población a algunos servicios bancarios en localidades rurales donde no hay sucursales. ¿Quiénes son los corresponsales habitualmente? Pues tiendas o redes de distribución con acceso a comercios. Son establecimientos ya asentados en su localidad, con relación con los clientes finales y conocidos por ellos. El banco necesitará que los comercios dispongan de una cierta infraestructura y que sean capaces de manejar dispositivos tecnológicos. El comercio podrá realizar pagos, depósitos o remesas. La potenciación de esta figura en México está permitiendo incluir en el sistema a pequeñas poblaciones sin oficinas bancarias clásicas.

Una forma de promover la inclusión es la **obligatoriedad de ofrecer productos financieros simples**; en algunos países se ha establecido la obligación de ofrecer y abrir un tipo de cuentas a clientes; estas cuentas han de cumplir unas características mínimas que, básicamente, disminuyan el riesgo para la entidad y no incrementen en exceso sus costes. Otros países pueden buscar ese mismo fin a través de acuerdos con bancos públicos o cercanos a la Administración.

> *El supervisor inglés, la FSA, ha diseñado la "basic bank account", para atender a aquellos clientes que no superarían un nivel de riesgo mínimo y a los que quizá no abrirían una cuenta corriente standard. La "basic bank account" permite recibir pagos e ingresar cheques o disponer de ella mediante tarjeta de débito; no admite descubiertos y no necesariamente se entrega talonario al titular. Se puede abrir con documentos que constituyan prueba suficiente de la identidad de la persona.*

En Estados Unidos está en vigor desde 1977 la ***Community Reinvestment Act (CRA)***, que es una norma que impulsa que **los bancos atiendan las necesidades de crédito de la comunidad en la que operan**, incluyendo los hogares de rentas bajas, pequeños negocios y explotaciones agrícolas, y lo hagan de acuerdo a correctas y prudentes prácticas financieras.

Se identifican los préstamos y créditos que cumplen con el objetivo de la norma con el término *CRA related lending* y el supervisor financiero verifica su evolución. La evaluación de cómo cada entidad se comporta en cuanto a estas operaciones es pública aunque la aplicación de los criterios de la CRA no es obligatoria. Esa evaluación puede ser utilizada por el supervisor a la hora de tomar algunas decisiones relativas a la institución (como proyectos de fusión o expansión).

El interés en que los bancos inviertan para el desarrollo de sus pequeñas comunidades es una preocupación del legislador. Un informe preparado para los miembros y Comités del Congreso de Estados Unidos en Enero de 2015 todavía recordaba algunos de los motivos originales de la ley, como evitar que las entidades apliquen políticas restrictivas de crédito en comunidades, aun de modestos ingresos, en las que han recogido depósitos, o denieguen una solicitud de préstamo a una persona que, si viviera en otro lugar, la vería aprobada.[4]

---

[4] The effectiveness of the Comunity Reinvestment Act. Darryll E. Getter. Congressional Research Service. January 7th, 2015.
http://www.fas.org/sgp/crs/misc/R43661.pdf

Un informe de la Federal Reserve de Estados Unidos en Mayo de 2011 sobre el desarrollo de este tipo de financiaciones indica tanto su eficacia como las limitaciones de información.

*Resumimos algunas líneas: «**A lo largo de aproximadamente la última década ha habido un incremento sustancial en los créditos y préstamos a los grupos y áreas que son el objetivo de la CRA**. Este incremento de operaciones probablemente refleja la confluencia de una serie de factores que incluye cambios en la regulación y supervisión bancaria, competencia creciente entre los proveedores de servicios financieros, condiciones económicas generales favorables y demanda creciente de, y oferta de, crédito, y avances en la tecnología de la información que permiten una evaluación más precisa y barata del riesgo del prestatario. (...) Muchas de estas instituciones, especialmente las mayores, han creado unidades y programas especiales para fomentar* el *"CRA related lending"; han desarrollado productos de crédito con características generalmente más flexibles que en otros productos; han establecido programas de formación y apoyo para potenciales prestatarios; se han incorporado a programas gubernamentales específicos y se han coordinado con multitud de terceras partes, públicas o privadas. Muchas han ofrecido incentivos en precio y adoptado medidas para mitigar el riesgo, como estudiar los patrones de conducta de los clientes para anticipar problemas.»*

La banca gestiona el riesgo derivado de la información asimétrica, que es el resultante de que quien necesita el dinero conoce la situación y el riesgo real de su negocio mucho mejor que quien se lo puede prestar. En el mundo de los pequeños negocios, y mucho más si son nuevos, no hay información objetiva y estadística suficiente para tomar una decisión de aprobación de préstamos, por lo que su análisis de riesgo especializado requiere de **instituciones cercanas a su comunidad** y de un entorno regulatorio que clarifique los criterios de otorgamiento de crédito y que impulse esta actividad. La importancia de los *community banks* en el sector financiero del país está así favorecida por una normativa que orienta decididamente su actuación hacia su propia comunidad.

La inversión norte-sur

Las personas en riesgo de exclusión financiera se encuentran en nuestra propia sociedad, y aun más después de La Crisis, pero eso es solo parte de la verdad. Lo que en el mundo desarrollado es necesidad de inclusión financiera y social de unos grupos desfavorecidos que han crecido últimamente, en el resto del mundo es lucha contra la pobreza de muchos más. **El porcentaje que aquí constituyen las personas financieramente incluidas en muchos países es muy parecido al de personas excluidas.** Las bolsas de pobreza están mayoritariamente en otros países, con menos información fiable, en sociedades menos estructuradas y con menor seguridad jurídica y, que según los casos, padecen niveles variados de corrupción.

Entre los problemas de esas naciones se encuentra el disponer de un sistema financiero comparativamente menos desarrollado en sus aspectos clave, como las regulaciones sobre capital y riesgos, fondos de garantía de depósitos o criterios de liquidez; puede haber un gran peso de la economía rural, la cual es más difícil y costoso de atender por el sector: es más dispersa, más expuesta a diferentes riesgos de oferta, demanda, catástrofes, salud y otros; la información es más costosa de obtener y el seguimiento posterior al desembolso más difícil. La banca pública, probablemente poco eficiente, puede tener una presencia significativa y las entidades microfinancieras llevan mucho tiempo trabajando.

———

*Los créditos grupales que otorgan las entidades microfinancieras tienen un antecedente en los **créditos rotatorios que se daban en las economías rurales**: grupos de personas que ahorran periódicamente una cantidad comprometida hasta llegar a una cantidad fijada, cantidad total que se entrega a una persona; cuando esta persona la recibe continúa aportando hasta que la totalidad de los miembros haya percibido la cantidad acordada.*

———

Para llegar desde occidente con eficacia a esas comunidades parece razonable hacerlo a través de quienes las conocen, a través de las organizaciones locales presentes en el terreno. Estas organizaciones locales pueden ser bancos que integren la actividad microfinanciera como un servicio más, o que tengan unidades separadas y especializadas; o bien organizaciones totalmente independientes pero que utilizan los sistemas de la entidad financiera. También se puede tratar de ONGs con actividad de gestión financiera y desarrollo de proyectos. A través de esas organizaciones locales hay que actuar.

En el caso de Kiva las organizaciones locales ya tienen la denominación acuñada de *field partners*. Son las organizaciones que identifican las necesidades de financiación de una persona o entidad determinada para una finalidad determinada, le ayudan a completar la documentación o presentación necesaria y hacen un seguimiento posterior del proyecto; son organizaciones que pueden encontrarse relacionadas con otros movimientos que ayuden a la propia viabilidad económica de los proyectos, como el del comercio justo.

El *field partner* muy a menudo será ya en sí mismo una entidad microfinanciera, que podrá desembolsar directamente el préstamo con cargo a sus propios fondos y buscando posteriormente sus propias fuentes de financiación. La variedad y el gran número de instituciones lleva de manera natural a que puedan ser objeto de calificación o *rating*, teniendo en cuenta su antigüedad, experiencia y medios, para poder compararlas entre sí. **Se trata de dotar a esas instituciones de *crédito*, en el concepto general de la palabra, que incluye no solo el respaldo financiero sino también la credibilidad técnica.**

---

*La persona que pide el dinero puede tener el mejor proyecto del mundo pero no tiene "crédito". El cuento de **El Billete del Millón de Libras** lo ejemplifica:*

El protagonista, cuando ya es conocido por todo Londres por tener ese billete, se encuentra a un antiguo jefe que está en la ciudad intentando vender una empresa. Nadie le conoce y no consigue venderla. La empresa vale mucho, y el protagonista lo sabe; su antiguo jefe le pide que la compre con el billete. El protagonista le dice que no, pero le da una alternativa mejor: le permite utilizar su nombre, el nombre del propietario del billete del millón.

El dueño de la empresa, al intentar de nuevo su venta, menciona al propietario del billete como alguien que conoce el valor de dicha empresa. Cuando al dueño del billete le piden referencias de la empresa en venta, las da magníficas y consiguen venderla por mucho más del millón. Su palabra ya valía por sí misma.

—

Los fondos de inversión

Un banco no va a prestar dinero en países donde no está instalado; es algo que no está en su ámbito de actuación y no tiene el sistema diseñado para ello, por lo que no debe asumir ese riesgo. Si los inversores quieren hacer llegar su dinero, como inversión y no como donación, para financiar proyectos en otros países, hay que buscar un camino financiero específico.

Uno de los caminos es a través de los fondos de inversión. Los fondos de inversión son un instrumento clásico del sistema financiero que, por un lado recogen aportaciones de la gente y, por el otro, las invierten. Las personas que compran participaciones de los fondos se convierten en propietarias de una parte de las inversiones que realizan esos fondos. Al ser propietarios asumen el riesgo directo de que la inversión vaya mal, mientras que en los préstamos otorgados por el banco el riesgo es de la propia entidad.

Los fondos son instrumentos a los que la normativa exige cumplir unas características, como definir una política de inversiones, devolver el dinero en un tiempo determinado o informar periódicamente de sus inversiones, su valoración y otros datos. Se encuentran controlados por los supervisores financieros.

Cada fondo diseña su estrategia de inversión, lo que permite incorporar en la selección de inversiones criterios sociales e instrumentos de RSC, indicadores especialmente diseñados, o privilegiar unos sectores y rechazar otros. Los fondos necesitan procedimientos de valoración y de comparación de posibles inversiones entre sí, por lo que la política de inversiones tenderá a utilizar criterios de *rating*, que aplicará tanto a los proyectos como preferentemente a las instituciones locales que van a intermediar la financiación.

Hay un tipo de fondos que canaliza su inversión hacia aquellas empresas cotizadas que cumplen con criterios socialmente responsables; se trata de fondos clásicos que invierten en un número menor de empresas que los habituales. Son fondos que no se salen del modelo institucional.

―

*FETS comenta en su Análisis Cualitativo sobre los fondos de inversión socialmente responsable comercializados en España que **"Actualmente España es el país europeo con menos capital invertido en Fondos de Inversión Socialmente Responsables**. No obstante, en los últimos años, la banca convencional ha empezado a ofrecer productos de inversión que, con rentabilidades similares a los productos tradicionales, buscan la integración de criterios ambientales, sociales y de buen gobierno corporativo en las políticas de inversión. Son los llamados **Fondos de Inversión Socialmente Responsables** o ISR. (...) Existen contradicciones importantes entre lo que proclaman las empresas que más inversión reciben por parte de los fondos ISR, y lo que denuncian otras entidades. Lo mismo que ya se había detectado en Estados Unidos y el Reino Unido se cumple también en España: los activos que invierten en estos fondos no difieren demasiado de los fondos convencionales.(...) La proximidad conceptual entre las finanzas éticas y las inversiones socialmente responsables es evidente, pero el estudio concluye que **la economía social (también llamada del tercer sector) no está recibiendo inversiones de los fondos de inversión** ISR. Aunque el entorno legal ofrece la posibilidad de invertir en activos no cotizados, no hay constancia de que ninguno de los fondos de inversión ISR comercializados en España haya realizado inversiones en entidades de la economía social (...) A lo largo de los años, los inversores han ido aumentando la complejidad de sus estrategias para alinear sus objetivos financieros, con sus principios éticos, sociales y medioambientales. Si en un inicio se limitaban a aplicar criterios excluyentes (dejando de lado sectores como el armamiento o el alcohol) en la actualidad predominan los fondos que discriminan positivamente empresas con las "mejores" políticas sociales, medioambientales y de buen gobierno corporativo. .Para valorar estos aspectos han surgido agencias especializadas de rating que han desarrollado metodologías de valoración propias. También existen diversos índices bursátiles especializados como el **Dow Jones Sustainability Index**, o el FTSE4Good que incluyen empresas cualificadas como sostenibles y* *socialmente responsables. La escasa regulación del sector, la vaguedad de los estándares de los informes de responsabilidad social de las empresas y la falta de transparencia en los criterios utilizados por las empresas de rating y los índices bursátiles, son las principales causas de las contradicciones identificadas en el estudio".*

―

Economistas sin Fronteras (EsF) mantiene actualizado un catálogo de fondos de inversión socialmente responsable a los que aplica varios criterios de análisis (armas, medio ambiente, derechos laborales, gobierno corporativo, grupos de interés y producto responsable), como resultado de las cuales les otorga su propia valoración EsF. A diciembre de 2014 hay diez fondos en esa lista.[5]

―

Internet y banca móvil. M-Pesa.

Internet es una herramienta cuya utilidad ya hemos mencionado en diversos casos:

- ✓ Ayuda a atender necesidades, a movilizar voluntades y permite la colaboración entre el *field partner* local y el inversor extranjero.
- ✓ Facilita el acceso a los servicios bancarios, o al menos a parte de ellos, en aquellas zonas en las que hay una desertización bancaria. Puede permitir a usuarios finales avanzar rápidamente en la utilización de los servicios bancarios.
- ✓ En los países desarrollados, internet puede permitir una mayor capacidad de recaudación por los fondos de inversión y los solicitantes de donaciones.
- ✓ Permite compartir e integrar conocimientos entre diferentes entidades microfinancieras. Estas entidades son de pequeño tamaño, muy distantes entre sí, con algunos problemas en esencia comunes, y con una necesidad de conseguir la estabilidad para seguir cumpliendo su misión.

---

[5] Trabajo integrado en el Laboratorio de Inversión Socialmente Responsable, cátedra Telefónica-UNED de Responsabilidad Corporativa y Sostenibilidad. http://responsabilidad-corporativa.es/

La expansión de los servicios bancarios a través de internet no se debe solo a iniciativas de los bancos, sino también de las empresas de comunicaciones. Las corrientes de inmigración trasladan a personas poco bancarizadas a sociedades desarrolladas y estas personas se tienen que relacionar con sus familias, que se encuentran en lugares donde no hay bancos, pero sí teléfonos móviles y tiendas o personas que actúan como agentes. Y como las primeras necesidades financieras son las de realizar pagos o cobros y transferencias, eso puede constituir el inicio de una actividad financiera a través del teléfono móvil. Los servicios bancarios a través de estos teléfonos, o banca móvil, transforman la manera de hacer transferencias. Como ejemplo de servicio muy extendido hay que citar a M-Pesa, creado por Safaricom, de Vodafone. Diecisiete de los cuarenta y cuatro millones de kenianos, por tanto la mayoría de la población adulta, lo utilizan; creado inicialmente para realizar los pagos de microcréditos se ha constituido en un sistema global de transferencias y banca móvil. *Pesa* significa *dinero* en swahili, y la *M* hace referencia al concepto *móvil*. En este sistema, una vez que has firmado, «pones dinero en el sistema entregando efectivo a uno de los 40.000 agentes de Safaricom, que abona el importe en tu cuenta M-Pesa. Retiras dinero visitando a otro agente, que verifica que tienes suficiente saldo antes de entregártelo. El dinero puede así ser enviado de un lugar a otro de una manera más segura, rápida y fácil que llevándolo en persona o pidiendo a otro que lo lleve. Esto es particularmente útil para que muchos trabajadores de la ciudad envíen fondos a sus familias en los pueblos. (...) M-Pesa se ha extendido para ofrecer préstamos y productos de ahorro y para pagar salarios y facturas. (...) Adicionalmente, la disponibilidad de un sistema fiable de pagos por móvil ha permitido crear nuevas empresas en Nairobi con modelos de negocio basados en M-Pesa.»[6]

---

[6] The Economist, 25 de Mayo de 2013.
http://www.economist.com/blogs/economist-explains/2013/05/economist-explains-18

El artículo de The Economist que hemos citado comenta también la razón inicial del éxito del sistema. M-Pesa fue creado en 2007 y en 2008. Tras unas elecciones, hubo un periodo de gran violencia étnica en el que muchas personas quedaron atrapadas en algunos barrios y utilizaron ese sistema al encontrarlo más seguro que los bancos, también afectados por las disputas étnicas. Una vez que esta base inicial de usuarios empezó a funcionar, se fueron añadiendo otros y el sistema fue adelante. La paradoja es que sistemas similares de banca móvil en otros países no fueron autorizados por presiones de los bancos existentes y para evitar el blanqueo de dinero.

—

Modelo Fundación

Una fundación es una organización sin fin de lucro cuyo patrimonio está afectado a finalidades de interés general y cuyos beneficiarios son colectividades de personas. Por su finalidad altruista, hay muchas fundaciones en el ámbito de la banca ética y la responsabilidad corporativa. Triodos y Oiko han constituido fundaciones para diferentes fines y la Obra Social de La Caixa se incardina en su propia fundación. El modelo también se puede utilizar para mantener la propiedad directa de instituciones microfinancieras, como en el caso de BBVA.

La Fundación Microfinanzas BBVA es propietaria de diversas instituciones microfinancieras locales en países latinoamericanos, instituciones con su propia historia, áreas de atención y productos que sirven. La integración en el grupo a través de la Fundación permite una cierta separación financiera de estas entidades respecto al banco, pero la cercanía de gestión real y profesional facilita el uso de la tecnología y recursos, la centralización de algunas funciones, así como compartir las experiencias de todos.

Parada y fonda.

En los dos primeros capítulos habíamos hablado de las instituciones del sistema financiero, las convencionales y alguna de las alternativas, con el objetivo de ver cuál era su utilidad, a qué distancia se encontraban de atender a los sectores desfavorecidos de la sociedad, y qué podíamos aprender. En este capítulo hemos intentado acercarnos más a las personas financieramente excluidas, para conocer cómo los identificamos, por qué lo están y las reacciones ante esa situación. Hemos analizado los instrumentos del sistema financiero que permiten un mayor acercamiento a esta gente, siempre con el mismo objetivo, el de ver qué herramientas hay disponibles para que el sistema se acerque más a ellos.

Nos encontramos en una sociedad donde no solo *hay que tener dinero*, sino que, además, ha constituido a *lo financiero* como un elemento central de las relaciones sociales. La persona que, por edad, desempleo o cualquier circunstancia, tiene un acceso difícil a los servicios financieros, que en la sociedad occidental significa principalmente acceso al crédito, lo tratará inicialmente de obtener a través de los bancos convencionales; estos atienden a determinados tipos de clientes, por lo que, si uno queda fuera de ese ámbito, debe recurrir a los sistemas no convencionales. Entre ellos se encuentran las organizaciones sociales, que pueden desarrollar alternativas financieras, como la constitución de cooperativas de crédito que atienden las necesidades financieras de sus asociados, aceptando sus depósitos y financiando sus necesidades. Son cooperativas de tamaño relativamente pequeño, y muy integradas en su comunidad.

Las administraciones públicas favorecen que los bancos provean servicio financiero a la mayor parte posible de la población y lo hacen por diferentes vías. Una de ellas es la de emitir normas para, por ejemplo, regular el funcionamiento del mercado o dotar de transparencia a la información proporcionada a los clientes. La Administración también puede favorecer algunos comportamientos de las empresas; así, impulsa el movimiento de la

RSC, cuyos conceptos se tratan de aplicar tanto en el sector financiero como en el resto de los sectores. A través de la RSC se identifican los grupos sociales afectados por el desarrollo de la actividad empresarial, se establecen cauces de comunicación con ellos y se desarrollan acciones que favorezcan a todos los grupos. Es un movimiento de un ámbito muy amplio que se estructura en aspectos como el medioambiental, la sostenibilidad y otros, que aplica principios definidos y se mide mediante indicadores creados por plataformas y organizaciones internacionales; su avance depende fundamentalmente de la fuerza social que pueda alcanzar.

Los accionistas y los ahorradores son uno más de los grupos de interés. Habitualmente tomarán sus decisiones de gestión o de inversión teniendo en cuenta los criterios clásicos de rentabilidad, seguridad y liquidez. Para que tengan en consideración también los criterios de RSC, debería producirse un cambio social que hiciera apreciar esos valores hasta el punto de convertirlos en un criterio adicional para tomar decisiones personales y que constituyera para el inversor parte del valor de la inversión.

Las administraciones pueden identificar y tomar iniciativas directas para favorecer la inclusión financiera mediante el estudio de cada realidad concreta. La preparación y publicación de estos análisis en sociedades o países ya constituye por sí misma un factor importante en la lucha contra la exclusión, y la puesta en marcha de acciones concretas, un paso adicional. Como ejemplo evidente, es la labor de información y análisis la que permite identificar las zonas de desertización bancaria y favorecer la operatividad de otros agentes económicos, como los corresponsales bancarios.

Sin descuidar la situación dentro de cada sociedad, la lucha contra la exclusión es básicamente internacional, siendo mayores las necesidades en los países en los que hay no solo menos dinero, sino sistemas menos estructurados, más pobreza, corrupción y menor seguridad jurídica. Las instituciones financieras convencionales no estarán establecidas en esos países, o no al menos proporcionando atención generalizada, por lo que todo sistema debe apoyarse en organizaciones locales. Las organizaciones locales serán diferentes en cada caso: en las comunidades más estructuradas podrán existir instituciones microfinancieras con experiencia probada en la que basarse y un enfoque más específicamente financiero; en las menos estructuradas el enfoque será más asistencial. La identificación de las organizaciones locales adecuadas y el trabajo con ellas permitirán una relación norte-sur eficaz. Esa identificación y selección se puede realizar mediante sistemas de calificación formal, pero será la propia experiencia la que determinará cuáles son las más fiables según la utilidad inmediata que se busque, esto es, si se busca una solución directa e inmediata (conociendo por ejemplo el nombre y caso del beneficiario final) o se busca favorecer el desarrollo de un sistema financiero local y fiable que alcance a más destinatarios. Hemos visto el caso de una entidad que, a través de una fundación, ostenta la propiedad de instituciones microfinancieras en otros países, lo que le permite una gestión directa sin afectar su fortaleza financiera, dotar de estabilidad a la entidad microfinanciera y aprovechar la capacidad y tecnología de la entidad matriz.

Los fondos de inversión constituyen un método para que los ciudadanos hagan llegar sus aportaciones dentro de un entorno algo más financiero; permiten que el inversor, y no el banco, asuma el riesgo de la inversión y facilitan una cierta utilización de la tecnología bancaria, como puede ser la relativa a la diversificación de riesgos, en beneficio de la economía del país de destino.

E internet permite relacionarse a todos los mundos involucrados: a los inversores con las ofertas de inversión o donación, sea para proyectos individualizados o para instituciones, a las instituciones de los dos mundos entre sí, tanto en lo que tiene de relación como de recopilación de información y diseminación de ésta, al ya cliente con su institución financiera y a las diferentes unidades de la institución entre sí.

5. LA BANCA ÉTICA

Tras tanta teoría financiera, recordemos realidades poco edificantes, como las estafas piramidales donde el dinero que entregaban los nuevos inversores se utilizaba para pagar el interés a los antiguos sin atender a principio alguno. Fue muy famoso el caso de Baldomera Larra, hija del escritor del XIX.

«Hubo en la calle del Sordo / Una gran caja de ahorros. / En donde muy diligente / Impone mucha gente. / Y por cada mil realitos / Daba al mes veinte duritos / Es lo mismo que San Bruno / Que daba el ciento por uno. / Este filón se cundió / Y todo el mundo acudió. / Son tantos los imponentes / que se pelean las gentes. / Patanes y Caballeros / Llevan allí sus dineros / En donde vive hay más cola / Que tiene un gato de Angola. / Y vendiendo numeritos	Se hacen ricos los primitos. / Hay muchos revendedores / Que cotizan sus valores / (...) / Si alguien pide garantía / Al Viaducto le envía. / Si desconfía cualquiera / Le arrea una puntera. / (...) / No creas son inocentes / Todos estos imponentes. / Pues dicen y en gran boga / El último mono se ahoga / (...) / En los pueblos de alrededor / Ya no se piensa en labor. / De provincias labradores / Dejan allí sus sudores. / Para imponer, infelices / Venden hasta las narices.	Con el afán de imponer / Hay quien vende a su mujer. / (...) / Para no servir de blanco / Lleva los fondos al banco. / En sociedades de crédito / Es la mejor por su rédito. / Y en esta, como en ninguna / Hay quien hizo gran fortuna. / Zapatero hay de portal / Que tiene ya un dineral. / Y no habrá penas ni apuros / Pues sobran los pesos duros. / Con esta gran señora / Madrid es JAUJA ahora.»

> *La banca ética tiene que ver con lo contrario de lo que dicen esos cantares anónimos. Consiste en preocuparse por qué se hace con el dinero que uno lleva al banco, con obtener una rentabilidad razonable evitando la ambición desmedida y con un control legislativo y social. Se trata, aunque no solo de ello, de financiar a la economía real.*

Muchas de las iniciativas que hemos comentado tratan de ayudar a los más desfavorecidos a salir de la pobreza o, con otras palabras y similares criterios, constituyen la traducción en acciones concretas de una rebeldía ante situaciones de injusticia. Esas acciones tienen como criterio conductor determinados valores; el concepto que subyace es el de banca ética.

Como banca ética hablamos de la **banca conducida por valores**, que tiene en cuenta no sólo la rentabilidad a conseguir, sino cómo se consigue. Si nosotros nos comportamos, en la sociedad, en nuestras relaciones y en nuestra vida habitual, de una manera que está de acuerdo con nuestros valores personales, **debemos intentar que nuestro dinero se comporte de igual manera**. Páginas atrás hemos hablado de un banco que invierte aplicando criterios, unos negativos (sectores en los que no quiere invertir) y otros positivos (sectores preferentes). O de instituciones financieras que diseñan mecanismos de financiación norte-sur dirigidos a entidades microfinancieras locales. Son manifestaciones de banca ética.

Tras este concepto está el poder transformador del dinero, pero el **poder transformador actual del dinero**: lo que se esté haciendo o dejando de hacer con él; el préstamo o la inversión de hoy afecta a la sociedad y la conduce por un camino del que el ahorrador o el accionista no es consciente. La banca ética busca que, puesto que algo ya está sucediendo, lo que suceda sea acorde con unos valores. Que el dinero se ponga al servicio de un sistema donde la persona se encuentre en el centro y la economía sea más sostenible.

> *Con palabras de Yunus: «Los economistas no han logrado entender el poder social del crédito. En la teoría económica se considera el crédito como un mero medio con el que lubricar los engranajes del comercio y la industria. En realidad, el crédito genera poder económico, el cual se*

traduce inmediatamente en poder social. Cuando las instituciones de crédito y los bancos establecen normas que favorecen a un sector diferenciado de la población, este aumenta su estatus tanto económico como social. Tanto en los países ricos como en los pobres, las instituciones crediticias han favorecido a los más acomodados y, con ello, han dictado una sentencia de muerte contra los desposeídos (...) ***Quizá si los economistas llegaran a comprender las poderosas implicaciones socioeconómicas del crédito, reconocerían la necesidad de promoverlo como un derecho humano más.*****»**

―

El mundo de la banca ética incluye una variedad de instituciones; todas tienen claro el poder transformador del dinero y, aunque no hay un molde inamovible que defina sus características, sí podemos hablar de algunas que, con diferente nivel de profundidad, son compartidas.

Muchas instituciones suelen tener su origen en las organizaciones sociales y en la **constatación de que las entidades convencionales no atienden sus necesidades de financiación**. Buscan crear circuitos locales de financiación que permitan acceder a esta a los colectivos excluidos de los sistemas financieros convencionales, incluidos significativamente dentro de ellos los grupos de riesgo, buscando una disminución de la pobreza.

La banca ética se basa en principios como la necesidad de tener en cuenta las consecuencias en otros colectivos y ámbitos de las decisiones financieras; esto hace necesaria la participación en las tomas de decisiones de todos los grupos afectados; esta participación a su vez requiere un grado alto de transparencia y la dedicación de la financiación a proyectos que favorezcan a la sociedad, que se debe beneficiar de ellos, y que se deben gestionar con eficiencia. Subyace la consideración del crédito como un derecho humano.

Las entidades de la banca ética buscan una organización más democrática, manifestada en una **mayor participación por parte de sus asociados en el destino de sus depósitos**, esto es, en decidir a quién y para qué se presta. Son instituciones donde **se es más socio que accionista**. Incluso en el caso de entidades más convencionales, como Oiko o Triodos, sus accionistas aceptan una menor rentabilidad y liquidez de su inversión. Las entidades a menudo se constituyen como **cooperativas financieras**; los inversores que quieran aportar fondos se constituyen en socios de la cooperativa, pero el origen de las entidades cooperativas se encuentra directamente en los movimientos sociales; su lejanía al gran mundo bancario es mayor, pero su cercanía al mundo real es total. Son los grupos sociales los que se organizan en cooperativas, ponen en común recursos, se integran mediante asambleas y otros órganos y pueden solicitar préstamos.

—

Un ejemplo: **COOP 57, según su web «inició su actividad en Catalunya a partir de la lucha de los trabajadores de la Editorial Bruguera para mantener sus puestos de trabajo***. Cuando la editorial cerró definitivamente, un grupo de antiguos trabajadores creó un fondo con parte de las indemnizaciones que recibieron por su despido para promover proyectos económicos que persiguiesen la creación de lugares de trabajo de calidad, especialmente aplicando modelos cooperativos.*

En 1996 con este fondo se creó COOP57, bajo la fórmula jurídica de cooperativa de servicios financieros. En un inicio, su desarrollo estuvo muy vinculado con el cooperativismo de trabajo asociado, pero progresivamente fue ampliando su base social a otros tipos de entidades de la economía social y solidaria. Paralelamente, también fue creciendo su base de socios y socias colaboradores.

A partir de 2005 COOP57 puso en práctica un crecimiento en red a raíz del interés que había despertado este experimento en otros territorios. (...) En todos estos casos, la clave del éxito en la constitución de una sección territorial de COOP57 ha sido la existencia de una red de economía social y solidaria en el propio territorio capaz de gestionarla.»

—

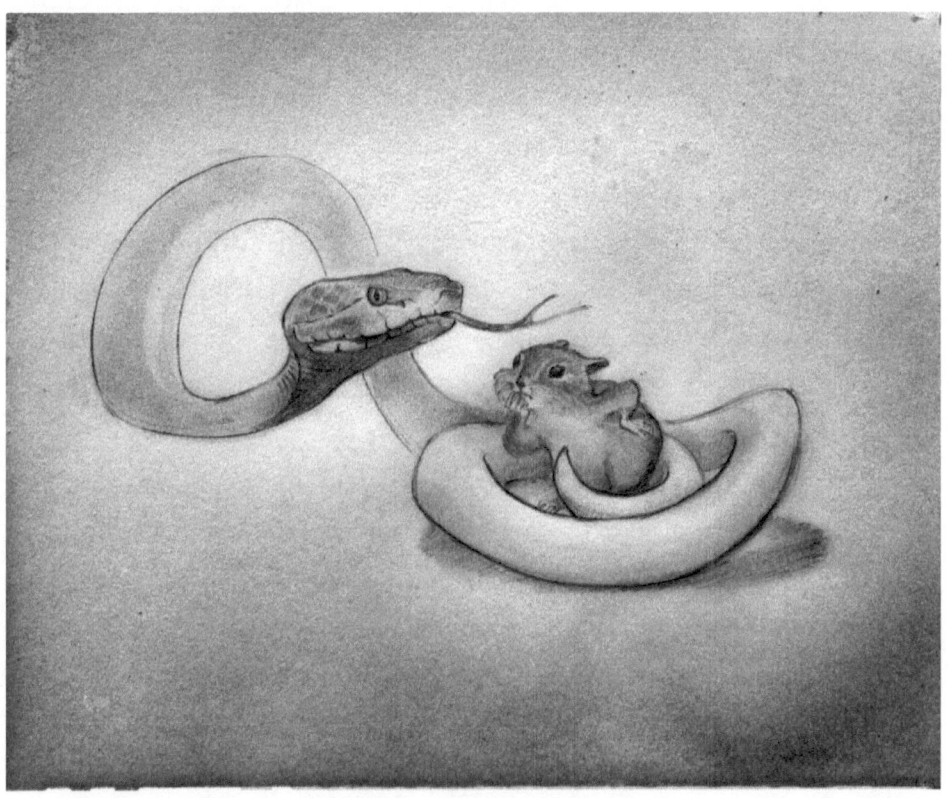

"Venid conmigo a casa de un notario, me firmaréis allí simplemente vuestro pagaré, y a manera de broma será estipulado que, si no pagáis tal día en tal lugar, la suma o las sumas convenidas, la penalidad consistirá en una libra exacta de vuestra hermosa carne, que podrá ser escogida y cortada de no importa qué parte de vuestro cuerpo que me plazca."

La estructura de funcionamiento cooperativo permite diluir los roles tan marcados de ahorrador y prestatario, ayudando a una mayor integración de intereses. Esto permite que los objetivos de las operaciones sean coherentes entre socios y entidad. El matiz social puede permitir a estas entidades vías adicionales de obtención de fondos provenientes de donaciones o subvenciones institucionales.

La banca ética organizada mediante sistemas cooperativos, o próximos a serlo, canaliza sus propios fondos hacia la inversión; al mismo tiempo una organización de este tipo nace de relaciones y necesidades de apoyo mutuo muy personales; ello tiende a generar **organizaciones de pequeño tamaño**, relativamente pocos fondos y mucha necesidad de gestión para su aplicación. A cambio de ello la cercanía al proyecto a financiar es muy grande, lo que permite gestionar directamente la ausencia de garantías clásicas de estos proyectos.

¿Cómo actúan estas cooperativas ante la **falta de garantías de los proyectos**? En primer lugar, no considerándolo como un factor que provoque una decisión negativa, sino todo lo contrario: acude a estas entidades quien no está en condiciones de acudir a la banca tradicional. Yunus decía que no era necesario proporcionar formación a los pobres porque el simple hecho de seguir vivos evidenciaba su capacidad. Quizá el que un emigrante haya llegado al país de destino sea prueba de su espíritu emprendedor.

Los préstamos requieren la labor de un **grupo de apoyo** que interviene en la preparación del plan de negocio, sea este más o menos formal, en las relaciones con la propia institución y en el seguimiento posterior; es este seguimiento posterior el que permitirá identificar los problemas de pago antes de que se hagan realidad. Este entramado social constituye una especie de aval técnico al proyecto.

¿Y qué otros elementos aportan garantía? La concesión a grupos de personas en algún caso. Desde luego, documentar el contrato como en la banca convencional, lo que permitiría utilizar, si fuera necesario, los sistemas de recobro formales. La asunción por el cliente de que, si no cumple, no tendrá acceso a nuevos préstamos: su crédito, la confianza que ofrece al mercado, está en juego. Nos encontramos con el modelo de banca relacional, donde cliente, grupos de apoyo y entidad financiadora forman parte de una red social más amplia cuyo buen funcionamiento beneficia a todos; este modelo desanimaría el incumplimiento de las obligaciones por parte de los prestatarios, pues ello perjudicaría su credibilidad, su *capital social*.

La banca ética se conduce por valores en base a los cuales hay que tomar decisiones de inversión que generen rentabilidad. La rentabilidad económica tiene sus propios y reconocidos sistemas de medición, pero **¿cómo se mide la rentabilidad social?** Habrá que buscar indicadores respecto a los que valorar cada proyecto, y la gestión conjunta de esos indicadores deberá permitirnos saber si las inversiones están siendo adecuadas a sus fines. Los indicadores económicos son objetivos, su consecución se deduce de datos numéricos, de saldos, de entradas o salidas de dinero, de plazos. Los indicadores sociales van a tener un componente subjetivo mayor, ya que hay que hacer valoraciones en algunos casos, y quizá tengan que ser obtenidos por encuestas o preguntas directas, o por fuentes más o menos formales. Van a ser más difíciles de obtener.

La italiana Banca Popolare Etica, cooperativa de crédito con sede en Padua e integrada en España con Fiare, ha desarrollado el Método VARI (Valores, Requisitos Sociales e Indicadores Económicos) para medir la adecuación de un proyecto a los fines de la institución. Este método se construye sobre nueve valores, con sus correspondientes parámetros de medición. Los valores, y algunos de esos parámetros, son:
1. *Participación democrática en la toma de decisiones, para lo cual analiza la realización de juntas o comisiones, la participación económica en la entidad, la lejanía entre socios y trabajadores, la existencia de un código de conducta o la realización de elecciones.*
2. *La transparencia, analizando los flujos de información a los grupos de interés o los informes periódicos.*
3. *La igualdad de oportunidades, manifestada en las políticas de no discriminación.*

4. El respeto al medio ambiente según la actuación, por ejemplo, respecto a las emisiones de CO_2.
5. La calidad social del producto obtenido, tanto por la solución de necesidades específicas como por la propia utilidad social.
6. Respeto a las condiciones laborales: seguridad e higiene, formación, horarios, horquillas salariales
7. Voluntariado, valorando su formación.
8. Atención a sectores excluidos, inserción laboral, atención a desfavorecidos.
9. Integración en el territorio, medida a través de su conocimiento, presencia y relación con instituciones y organizaciones.

—

Una parte de los indicadores sociales se puede construir a su vez con datos numéricos, como la estructura del balance por tipo de cliente (pymes, población urbana o rural, inmigrantes, nivel de ingresos del prestatario) o finalidad de la operación (para identificar los de finalidad directamente social, por ejemplo).

Si, tras analizar la banca ética como concepto integral, analizamos sus **características principales desde el punto de vista de la banca convencional** las conclusiones principales serían las siguientes:

✓ Las entidades que realizan una actividad bancaria convencional y luego aplican su beneficio a proyectos sociales **constituirían banca ética en la medida en que, en el desarrollo de su actividad, aplicasen esos principios.** No se trata, a estos efectos, de cómo se aplique el beneficio sino de cómo se genere. La comercialización de fondos de inversión éticos puede integrar esos principios en su manera de actuar, pero también identifica un nicho de mercado, al que ofrecen el producto que demanda.

✓ En cuanto a **la estructura de propiedad y gestión cooperativa**, la gran involucración personal se contrapone a una limitación al crecimiento. Cada pequeña comunidad financia solo sus propios proyectos y lo hace, por la necesidad de grupos de apoyo, quizá con un gran coste de gestión. Pero, evidentemente, es la reacción social ante un sistema convencional que no aporta soluciones.

- En cuanto a **los proyectos financiados**, las necesidades de financiación de las organizaciones sociales pueden ser de dos tipos. Por un lado, la de actividades que económica y estructuralmente nunca serán rentables: centros de reinserción, de tercera edad, de apoyo a colectivos desfavorecidos; podrán realizar alguna actividad económica, pero difícilmente podrían proporcionar una rentabilidad económica suficiente. Por otro lado, habrá actividades que sí podrían ser rentables económicamente, pero que es difícil que un banco, dentro de sus parámetros de riesgo, las financie. En esta categoría se encuentran múltiples pequeñas empresas y negocios.

- En el esquema de la banca ética hay que hacerse otra pregunta: **en el supuesto de que el cliente dispusiera de garantías suficientes, ¿la banca convencional proporcionaría todos los préstamos?** La contestación es que seguramente no, puesto que algunos proyectos no serían capaces de generar por sí mismos un rendimiento mínimo, y ningún financiador prestaría dinero si tuviera de antemano la certeza de que el deudor no lo iba a devolver y tendría por ello que ejecutar la garantía recibida o quedarse sin sus fondos. Por su lado, los ahorradores no depositarían dinero en una entidad cuyos préstamos saben que no van a ser reembolsados y, por tanto, que su dinero está en peligro cierto de perderse. Parece inevitable que la **rentabilidad social se deba combinar con una rentabilidad económica mínima**, y que los proyectos que generan alguna rentabilidad, pero no la mínima, deben quedar en el ámbito de las organizaciones sociales, financiadas así con donaciones, subvenciones y también con esta rentabilidad de proyectos que no alcanzan una rentabilidad de mercado.

- **Desde la perspectiva del marketing** de la banca convencional nos encontramos con que la banca ética ha acudido a los segmentos del mercado que la banca convencional no atiende, por nivel de renta, garantías y beneficio a obtener, y que, acudiendo a esos segmentos, el coste es mayor, por la involucración de grupos de apoyo y necesidades de medición. Se sitúa en un mundo más altruista y es mucho más dependiente de decisiones puntuales de una variedad de agentes con tiempo, o fondos, disponibles. Esto puede conducir de hecho a que ambas bancas atiendan preferentemente segmentos diferentes de población; a su vez, la banca ética podría, por motivos de diversificación de riesgos en su cartera, verse obligada a hacer parte de sus inversiones en segmentos clásicos, aunque sea comprando deuda pública para equilibrar su cartera de activos, lo que reduciría aun más su capacidad de atender a los sectores desfavorecidos.

La banca convencional nunca tendrá un funcionamiento tan democrático como el de las cooperativas de crédito encuadradas dentro de los movimientos de banca ética, nunca primará los objetivos de rentabilidad social hasta llegar a perder dinero con los préstamos y nunca proporcionará un apoyo tan cercano a los desfavorecidos como las organizaciones sociales. Pero sí dispone de una tecnología financiera, unos fondos y una capacidad de gestión que, si se expande más hacia los desfavorecidos utilizando conceptos de la banca ética, puede ser útil a la sociedad. Llegamos de nuevo al objeto de todo este análisis: no se trata de impulsar un segmento del mercado, denominado banca ética, que también, sino de plantear que **una mayor parte de la banca sea, en el sentido que hemos indicado en estas páginas, un poco más ética.**

6. CENTRO CIUDAD.

Recapitulación

Hace muchos años la banca obligaba a firmar letras de cambio.

Romance de los papelitos *	con hermosa letra inglesa llena su cuerpo alargado,	con miércoles de ceniza de protestos y notarios.
Como páginas de un libro loco y descuajaringado, como tristes pajaritas de papel desnudo y rancio, como octavillas siniestras, como programas de mano, por el cielo azul de España flotan las letras de cambio. Tienen en sus caras blancas manchas rojas de payaso, que en el borde son cenefa y en el centro, casi a un lado, son mercantil adefesio, donde -¡lagarto, lagarto!- las bichas del mercurial caduceo, en un espasmo, sinuosas y cargantes, toman un aspecto extraño medicinal, farmacéutico, curativo e hipocrático. Su texto noble y sencillo, casi de Azorín sin campo,	dejando, naturalmente, algunos sitios en blanco para nombre y apellidos de librador y librado, ¡librador...! ¡librado...! 　　　　Nombres de nuevos héroes 　　　　　romanos, fundando en siete colinas el imperio de los bancos. Con pulso de pendolista la ley escribió estos trazos; repelentes virguerías de códice trasnochado, cuya tinta se le seca, casi, casi de milagro, con polvo de ventanillas y caspa de negociados. Por el cielo azul de 　　　　　España flotan las letras de cambio: antruejo de toma y daca, carnestolendas a plazos,	La letra es una clepsidra que destila tiempo . .　　　　　amargo, un ¡ay! a noventa días; un espeluzno (sin gastos), un canto al quiero y no 　　　　　　puedo, un no vivir, sin embargo, la letra, por española, tiene gracia y desparpajo y sabe a viejos leones rampantísimos y heráldicos, al oro vitivinícola de los españoles caldo, a Ceriñola y Pavía, a los Campos Cataláunicos, a la catedral de Burgos y a los Toros de 　　　　　Guisando. Por el cielo azul de 　　　　　España flotan las letras de cambio

*Jorge Llopis. La Rebelión de las Musas. 1972

La banca, que antiguamente solo descontaba letras de cambio, actualmente segmenta a sus clientes en grupos definidos por edad, nivel socioeconómico y otras características, con la finalidad de identificar los productos a ofrecer para obtener una rentabilidad determinada. El resultado es que se ofrecen más productos a la gente, pero se mantiene una dificultad significativa en el acceso a la financiación por los sectores desfavorecidos. La banca proporciona los productos que no implican riesgo y cuando son rentables. En los préstamos se busca una seguridad adicional requiriendo algún tipo de garantía.

Los teóricos nos presentan el modelo de banca relacional, pero este sistema parece ir contra unos tiempos en los que la necesidad de contener los costes y las posibilidades de internet y otras tecnologías desincentivan la apertura de oficinas y potencian las pantallas y los teléfonos. Además, la información obtenida a través de una banca relacional puede ser informal, subjetiva y difícil de integrar en modelos informáticos; por su lado, el cliente se pondría en manos de una sola entidad, perjudicando su capacidad de moverse por el mercado a la búsqueda de mejores precios y condiciones.

Hemos descrito la existencia de una clase de **bancos locales de propiedad y gestión privada en Estados Unidos**, más cercanos a sus comunidades y con un nivel de control y eficacia que parecen funcionar; no podemos sin embargo olvidar las diferencias de dimensión con aquel país, por lo que pequeñas entidades allí no necesariamente lo serían en nuestro entorno.

Por otro lado, las entidades microfinancieras tienen muchos años de experiencia a sus espaldas y podemos extraer algunas lecciones de su experiencia. Muchos de los problemas que han sufrido tienen más que ver con **el hecho de ser instituciones jóvenes en el mundo financiero que con su propia vocación**. Como instituciones nuevas pueden tener problemas de gobernabilidad, control o información; los pueden tener de aplicar el modelo inadecuado de negocio; o quizá no sean necesarias en una comunidad y momento determinados porque las necesidades financieras de los desfavorecidos estén ya cubiertas por otras entidades. Pueden, como cualquier banco, pasarlo mal si tratan de crecer demasiado rápido y sin control.

Las instituciones microfinancieras pueden enfrentarse a otros problemas derivados de su vocación social, como el integrar directamente en la institución actividades que no sean de carácter financiero, sino exclusivamente sociales, así como a problemas derivados de la coexistencia con políticas públicas de atención social.

Todo este entramado lo hemos analizado para comprender su eficacia en relación a las personas en situación de exclusión financiera. Parece que **las instituciones microfinancieras se acercan al segmento de los desfavorecidos**, aunque el incremento de la competencia les puede llevar a realizar una sub-segmentación entre sus clientes potenciales atendiendo solo a los más rentables entre ellos. Esto hace conveniente disponer de sistemas de análisis que permitan discriminar a estas instituciones entre sí. Por su lado, los bancos convencionales actúan por *downscaling,* por lo que no llegan a ofrecer un modelo realmente diferente y adecuado. En el ámbito internacional, las instituciones microfinancieras pueden obtener provecho de los recursos y de la tecnología de la banca convencional utilizando el modelo de las fundaciones y consiguiendo inversiones privadas a través de fondos, compra de acciones de algunas instituciones o directamente a través de internet.

Las administraciones públicas cooperan impulsando los movimientos de responsabilidad social corporativa, que son de ámbito muy amplio y susceptibles de ser utilizados como herramienta de relaciones públicas, pero que tienen una característica muy importante: promueven el papel de los grupos de interés (*stakeholders*) y potencian el diálogo con ellos.

El modelo de **banca ética** nos viene desde el mundo de las organizaciones sociales, como un enfoque que integra a las instituciones que creen en el derecho al crédito como un derecho humano, que creen que un proyecto debe ser rentable no solo en términos económicos, sino también porque beneficie a las comunidades afectadas y que, además, ha de promover la inclusión financiera y ayudar a la inclusión social. Esto significa que ha de ser un sistema muy participativo, con gran involucración de los movimientos sociales y que movilice los ahorros de la propia comunidad.

El público objetivo lo constituyen las personas sin recursos en cualquier lugar del mundo. Sin recursos significa, o puede significar, tanto recursos económicos, como de conocimiento. Respecto a estas personas, ¿qué hemos aprendido?:

Obviamente, que tienen necesidades financieras. Su **vulnerabilidad es mayor**; el no poder acceder, no ya a préstamos, sino ni siquiera a cuentas de ahorro o seguros, los deja expuestos a robos e infortunios de cualquier tipo, así como a los usureros.

Hemos visto que legalmente se puede obligar a las entidades a que les ofrezcan un número mínimo de productos que no implican riesgo para ellas, como la *basic bank account*.

Las organizaciones sociales ayudan a los desfavorecidos a identificar lo que un banco puede hacer por ellos, y lo que ellos le pueden pedir, convirtiéndose en facilitadores de la relación. Por sí mismos o con la ayuda de los facilitadores, los potenciales clientes se presentan en plataformas de internet presentando el proyecto para el que solicitan financiación.

Hemos aprendido que estas personas **no se comportan peor que el resto de la población devolviendo los préstamos**, y que quizá sean mejores pagadores. Parece claro que difícilmente va a ser rentable que una entidad financiera acuda a un juzgado a conseguir que le devuelvan una cantidad que no ha sido reembolsada, entonces, ¿por qué pagan los que apenas tienen recursos? Una razón puede ser el otorgamiento de los préstamos solidariamente a los miembros de un grupo, pero puede haber otra más significativa, que es el acceso futuro a más financiación. Es decir, quizá el motivo más fuerte para devolver un préstamo sea no perjudicar sus posibilidades de recibir más adelante otro. Para los prestatarios comienza el acercamiento al mundo financiero y no se pueden arriesgar a ser expulsados de él si impagan.

En cuanto a los **productos y servicios** hemos visto:

- Que no solo necesitan préstamos, lo más importante, sino que, también, necesitan productos de ahorro, servicios de pago y seguros.
- Que los productos deben estar diseñados para ellos. Un ejemplo son los préstamos flexibles, con cuotas incluso semanales, a menudo otorgados a grupos con responsabilidad solidaria.
- Los productos, además de ser de diseño específico, deben gestionarse de otro modo. Los procedimientos de seguimiento de incidencias se deberían activar con el primer día de retraso en un pago.
- Y que no todas las necesidades de préstamo lo son de préstamos personales. Otros productos pueden cubrir alguna necesidad de acceso a financiación.

En lo que respecta al **análisis de riesgos y al sistema de distribución** —es decir, a la existencia de sucursales del banco—, nos encontramos con que:

- La banca tradicional, mediante la adaptación a segmentos de menor poder adquisitivo de sus técnicas de *scoring*, puede atender al segmento más rentable de los desfavorecidos.
- Pero que realmente hay que aplicar técnicas que tengan en cuenta el proyecto real de inversión, con un conocimiento y seguimiento mucho más personalizado y cercano: de nuevo la banca relacional. El modelo de banca relacional será más costoso.
- Y ello también lleva a formalizar el **papel de las organizaciones sociales** como complementarias en esta banca relacional, añadiendo al banco el conocimiento del cliente, ayudando al cliente en la elaboración del proyecto, dotándole de una capacidad de negociación y facilitando el seguimiento posterior de la operación. **Es importante que exista una relación cercana entre la organización social y la institución financiera.**
- La **tecnología** juega múltiples papeles. En banca lo que no se puede tratar mediante un modelo informático, no existe o lo hace a duras penas. La tecnología permite una homogeneidad de tratamiento y de información,

que hay que combinar con la integración de los criterios subjetivos que necesita este tipo de clientela. Pero la tecnología de las comunicaciones y las redes sociales también permite una identificación de las necesidades y quejas de cada cliente final, la adecuación a su situación y una cierta igualación de costes entre pequeños y grandes clientes.

Este tipo de actividad bancaria tiene lugar entre **entidades en diferentes países**. Lo ideal es que cada país sea capaz de movilizar sus propios ahorros para financiar, en lo posible, los proyectos de su propia gente. **Construir un sistema financiero local, por pequeño que sea, ayuda al país**, puesto que permite desarrollar la función clásica de un banco, la de proporcionar dinero a diferentes plazos y por diferentes importes para proyectos que son seleccionados por personas que conocen su realidad local.

La ayuda al desarrollo del sistema financiero local se consigue, en el campo técnico, mediante la transferencia de tecnología, entendida como el acceso a las técnicas de gestión de la banca convencional; el acceso, que no la imposición sin asimilarlas.

La transferencia de fondos hacia los países desfavorecidos puede producir efectos colaterales en los sistemas financieros locales, como distorsionar los tipos de interés expulsando algunas entidades locales del mercado, favorecer a las grandes instituciones si solo colaboran con ellas, o no dotar de estabilidad suficiente al sistema si son irregulares en el tiempo Esas transferencias, indispensables en todo caso, deben incorporar criterios que favorezcan el desarrollo de los bancos locales.

Desde el primer mundo se hacen donaciones e inversiones; los fondos de inversión necesitan una infraestructura lenta para identificar dónde se invierte, qué indicadores se utilizan o cómo se familiarizan los inversores particulares con esos indicadores. Es necesario desarrollar una base de gestión y conocimiento público que, para los fondos clásicos, ya fue creada hace años.

Esa base de gestión y conocimiento tiene que ayudar a transmitir a los ahorradores la confianza de que su dinero se utiliza adecuadamente. La atracción para el inversor de los sistemas de préstamos entre personas en internet se debe justamente a que transmiten una sensación de que el dinero se utiliza para proyectos reales.

Centro Ciudad.

¿Han llegado alguna vez en coche —en un coche sin navegador— a una población que no conocían y han entrado en ella guiándose por las señales de tráfico que decían Centro Ciudad? Y, tras seguir varias señales, ¿se han dado cuenta de pronto de que hacía tiempo que no veían ninguna nueva señal de Centro Ciudad y se han quedado dudando de hacia dónde ir? Uno se siente en ese momento perdido, mira a derecha e izquierda para buscar la siguiente señal hasta que se da cuenta de lo evidente: ya ha llegado al centro de la ciudad, ya está en su destino. Pero el centro de la ciudad no está constituido por un elemento único, digamos que por una sola plaza grande con un gran monumento central, sino por el conjunto de calles, plazas y edificios poco llamativos que uno ve a su alrededor y por donde ya se está moviendo.

Algo así nos pasa aquí: al final de este viaje de la banca convencional a la gente desfavorecida no hay una acción única y brillante a tomar, sino un **conjunto de instrumentos o herramientas disponibles que podemos utilizar.**

Recordemos: **buscamos un sistema financiero accesible a más capas de la sociedad, en nuestro país y en otros**. Se trata de permitir el acceso al crédito con mayor facilidad para más personas a los plazos y por los importes que sean necesarios y posibles. Se trata de tener un sistema de carácter duradero y estable, que permita transformar los ahorros de una comunidad en financiación en buena parte a esa misma comunidad, por importes y a plazos diferentes, eligiendo inversiones que proporcionen rentabilidad y cierta seguridad, y de modo que el riesgo conjunto de la cartera se contrapese internamente en lo posible. Se trata de hacerlo utilizando solo el capital necesario, dejando a los accionistas conformes, manteniendo la liquidez indispensable y gastando solo lo necesario en transformar el ahorro en préstamo.

Y buscamos que eso lo haga el sistema financiero actual, no solo entidades especializadas. Lo que hagan las entidades especializadas, que llevan lustros haciéndolo, es muy útil, puesto que actúan, consiguen resultados, y abren caminos. Utilizando esos caminos ya abiertos, hay que ver si es posible que el sistema en su conjunto se mueva un poco. Se trata de que ese acercamiento a los desfavorecidos lo realice el sistema financiero convencional como tal, con los ahorros que tiene en depósito, con su propio sistema interno, con sus mecanismos de gestión, de análisis de riesgos y de control.

Los ahorradores son dueños de su dinero y con sus decisiones pueden ayudar a que la banca se acerque a los sectores desfavorecidos.

Desde el punto de vista personal, lo primero que tenemos que definir a la hora de depositar nuestro dinero es nuestro perfil de ahorradores. Podemos distribuir nuestro dinero en varias entidades, entre ellas al menos en una entidad financiera que tenga la vocación de llegar a más segmentos de la sociedad. Debemos identificar nuestros condicionantes: si necesitaríamos, llegado el caso, recuperar nuestra inversión sin gran demora, o si podríamos esperar un tiempo; si la podríamos poner en cierto riesgo o no, así como qué rentabilidad querríamos conseguir. Por escasos que sean los ahorros no desdeñemos su diversificación en más de una institución para conseguir una cartera de activos modestamente equilibrada.

Con esos parámetros ya sabemos cuánto queremos invertir y tenemos una idea de la **seguridad, liquidez y rentabilidad** que pedimos a la inversión. Puesto que **en esa rentabilidad hemos incluido, además de la económica, la rentabilidad social**, hay que saber cómo se comporta en este sentido la entidad donde estamos pensando invertir. De manera más general: **hay que hacer preguntas a los bancos donde pensemos invertir**; hay que saber cómo atienden a los grupos desfavorecidos, para lo cual es necesario, como siempre, información. ¿Se imaginan pidiendo esta información a un banco convencional? ¿Por qué no?

Se trata de solicitar datos sobre el **grupo de clientes desfavorecidos, cuántos son, cuánto se les presta, cuántos ahorros depositan, cuál es su rentabilidad, morosidad y coste**. Esto permitirá al inversor no solo ver que se están cumpliendo sus objetivos de rentabilidad social sino también comprobar si estas inversiones afectan significativamente a la rentabilidad económica que obtiene, o la pone en riesgo por sus tasas de impago. Entenderemos que el servicio a esos sectores puede ser más caro que el que se proporciona a otros, y deberíamos tener una idea del impacto de ese coste añadido.

El inversor también puede ser informado de los **productos que la institución financiera pone a disposición de los desfavorecidos**, comprobando hasta qué punto son de diseño específico para ellos o no, o cual es el método de distribución, si hay sucursales en zonas específicas u otros medios de llegar a esta clientela, o si hay convenios con organizaciones sociales. **¿Cómo se identifican estos clientes?** Que nos lo digan: será por pequeño importe, por zona geográfica, por edad, por renta, por ausencia de garantías, por finalidad del préstamo. Todos estos aspectos tendrán un coste que vendrá reseñado en la información que recibamos. Nunca nos olvidemos de que la ausencia de información ya sería en sí misma algo negativo, así como que su nivel de detalle sería un dato positivo.

También podemos analizar los demás tipos de préstamos que realiza la entidad y quiénes son sus principales clientes, por si acaso nos encontramos financiaciones a sectores y entidades que se alejan de los objetivos de rentabilidad social o que no encajan en nuestros propios criterios.

¿Nos dedicaremos a tal análisis? Seguro que no, pero entre ponernos sin pregunta alguna en manos de una entidad o hacer un examen detallado a varias de ellas hay un amplio campo intermedio para poner nuestras inquietudes sobre la mesa a la hora de hablar con el banco.

―

Al analizar las operaciones que realiza el banco podemos incluir en nuestro análisis ideal no solo la financiación que proporciona a sectores específicos, sino, además, que, **visto globalmente, la entidad se dedique de manera central a la actividad de banca comercial.**

La banca comercial es aquella de la que hemos venido tratando hasta ahora, la que realiza actividades de intermediación financiera tomando depósitos de los ahorradores y financiando a empresas y personas, *siendo responsable del reintegro de los depósitos y viéndose perjudicada si los préstamos no son devueltos. Se contrapone a la **banca de inversión**, que se dedica a obtener para las empresas recursos en los mercados de capitales, preparando, por ejemplo, emisiones de acciones o de obligaciones, o proyectos de fusiones y adquisiciones.*

*Y, una vez que tenemos claro que nuestra institución se dedica a la banca comercial, podemos ver **hasta qué punto esto es así en la realidad**: La Crisis iniciada en 2008 ha tenido como uno de sus grandes componentes la inflación de lo financiero, manifestada de múltiples maneras: prestando más de lo que el cliente puede pagar, pensando que el bien subirá de precio y el préstamo está garantizado; y quizá a continuación vendiendo ese contrato a otros y desentendiéndose de él; o financiándose en exceso con dinero de otras entidades que en determinados momentos empieza a resultar caro; o prestando a otros bancos y no a los miembros de la economía real. Al comparar diferentes bancos comerciales entre sí veremos los que, en proporción, tienen más depósitos de sus clientes en su pasivo y más préstamos a sus clientes en su activo.*

—

La información sobre los sectores en los que invierte el banco y los segmentos de población a los que atiende la solicitamos porque estamos pensando en convertirnos en inversores en esa entidad o ya lo somos. Como inversores podremos, por ejemplo, comprar acciones o depositar ahorros. Los **accionistas**, ¿cómo pueden conseguir estos datos? Pues preguntando, en su condición de tales, en la junta general o directamente a las oficinas de atención al accionista, o solicitando los informes de responsabilidad social corporativa y preguntando sobre ellos. ¿Y los **ahorradores**? Preguntando, y simplemente canalizando sus ahorros en la entidad que les conteste de la forma más consistente con sus objetivos.

Lo anterior es de aplicación respecto a la operación de la institución en su ámbito natural, pero los bancos además nos pueden contar algo respecto a su **actuación internacional**. Nos hemos encontrado con que buena parte de los problemas de las instituciones microfinancieras no se han producido porque se dedicasen a atender a sectores desfavorecidos, sino por el hecho ser instituciones nuevas en el mundo financiero o por falta de elementos de control o gestión. Hemos aprendido también que su técnica ya está muy desarrollada: es un negocio que saben cómo llevar a cabo, hasta el punto de que hay entidades que están en el negocio exclusivamente por su rentabilidad económica. **El banco que quiere nuestros ahorros, ¿hace algo a este respecto?, ¿algún fondo de inversión, alguna fundación específica? ¿alguna relación o colaboración específica con entidades microfinancieras?**

Lo cual nos lleva a que nos cuenten cómo actúan respecto a la **responsabilidad social corporativa**, que engloba buena parte de lo anterior. En el informe de RSC podremos encontrar conceptos como la rentabilidad social, con información sobre la atención a grupos excluidos o la sostenibilidad medioambiental. El informe debería describir los **indicadores** que utiliza respecto a cada concepto y su relación con los **grupos de interés** y las **organizaciones sociales**. ¿Tiene nuestra entidad identificados sus grupos de interés, cómo se relaciona con ellos, qué indicadores utiliza?, ¿qué dicen sus informes?

La profundidad de los informes de RSC y su adecuación a su finalidad vendrá influida por el propio uso que les demos. Cuanto más demandados y analizados sean, más elaborados estarán, mejor información proporcionarán y más favoreceremos a sus propios objetivos. O, con otras palabras, cuanta menos atención les prestemos, mayor riesgo hay de que las entidades lo tomen como una obligación puramente cosmética no integrada en su estrategia.

—

Como **accionistas, ahorradores, votantes, o como miembros activos de la sociedad** podemos promover algunos de los aspectos que hemos visto a lo largo de este estudio que podían ser útiles:
- ✓ En primer lugar, **favoreciendo con nuestras acciones a las entidades que se comportan de acuerdo con nuestros valores,** invirtiendo algunos ahorros en las entidades que más se acercan a los desfavorecidos si sus condiciones nos satisfacen.

- ✓ Si con parte de nuestro dinero podemos asumir un riesgo mayor y una menor liquidez de la inversión, podemos invertir en **acciones de bancos éticos**, cuyo capital solo se negocia a través de la propia entidad. Algunos de ellos serán bancos convencionales con limitaciones de inversión sectorial y otros apoyarán a instituciones microfinancieras.
- ✓ Podemos invertir en **fondos de inversión en el tercer mundo**, fijándonos en que esa inversión se canalice a través de **entidades locales** objetivamente seleccionadas.
- ✓ Y no nos olvidemos de que, mediante **plataformas de internet**, que se relacionan a su vez con muchas instituciones, podemos prestar dinero a personas en otros países. De nuevo, deberíamos elegir la plataforma que por su historial y entidades que la apoyan nos pareciera de confianza.

———

Desde un punto de vista general pediríamos al sistema:

- ✓ Respecto a las normas y los sistemas de información, un mayor desarrollo de los **sistemas de historial y calificación crediticia**.
- ✓ En el ámbito de la normativa auxiliar y su utilización por las entidades, habría que disponer de **información sobre la atención a este segmento**: operaciones de crédito, depósito y seguros, desglose de operaciones impagadas.
- ✓ Otras líneas de análisis, que pueden llevar a cambios normativos, son la revisión de las normas de identificación de clientes en las entidades, analizándolas respecto a su exclusión de los desfavorecidos y el impulso a las políticas de RSC y específicamente las que dan información y capacidad de influencia a los *stakeholders*.
- ✓ Las instituciones pueden revisar sus **sistemas de análisis de riesgo**, permitiendo mayor incorporación de variables subjetivas.
- ✓ La apertura por las entidades de **criterios discrecionales** en el otorgamiento de préstamos, por ejemplo permitiendo utilizar fuentes de información indirectas para conocer la capacidad de repago (por ejemplo,

si lleva tiempo pagando un alquiler, de algún lado habrá sacado el dinero, aunque no pueda mostrar una hoja de nómina).

—

"Permitiendo que las personas pobres tengan acceso a créditos, hacemos inmediatamente posible que pongan en práctica las habilidades que ya conocen: tejer, descascarillar arroz, criar vacas, explotar un rickshaw. El dinero que ganan se convierte a su vez en una herramienta, una llave que abre la puerta a un sinfín de otras capacidades y les permite explorar su propio potencial."

—

Nos preguntamos inmediatamente si este conjunto de buenos e ilusorios deseos vale realmente para algo, ¿qué entidad va a cambiar un poco su conducta porque a su agente comercial le solicitemos esta información o le hagamos estas preguntas?, ¿quién va a conseguir que le digan cuántos préstamos se otorgan a personas que ganan menos de una determinada cantidad?, ¿cómo vamos a favorecer un cambio de legislación o de costumbre?

Y así sucesivamente.

La contestación es doble. Por un lado, no cuesta mucho hacerlo. Por el otro, hay que resaltar que, haciéndolo, navegamos, aunque no lo parezca, a favor del viento: cuando se empiece a percibir, aunque sea lentamente, que el incremento de la actuación social de los bancos es un valor que interesa al ahorrador tanto como el económico, las entidades se ocuparán por sí mismas de evolucionar.

Se trata de mover del mundo altruista al mundo financiero parte de la actividad que ahora atiende aquel; de conseguir que algunas necesidades financieras sean atendidas estructuralmente por el sistema, con menor dependencia de esfuerzos generosos que pueden ser más inestables a lo largo del tiempo. Se trata de ver qué podemos hacer nosotros para ello. Lo que podemos hacer, lo podemos hacer, hemos visto, como ahorradores, como votantes, como accionistas, como ciudadanos, con esfuerzos puntuales o permanentes; si lo hacemos como clientes lo podemos hacer con mayor o menor parte de nuestro dinero, permanentemente o durante un tiempo.

Y ¿cuándo llegaría esto a producir un avance cierto, más allá de la anécdota? No lo sabemos, pero hay que pensar que estamos en el ámbito de las ciencias sociales, y no en el de las ciencias exactas. El avance en este campo no se produce de golpe y de una sola vez, sino, mal que nos pese, poco a poco. No es como cambiar un interruptor de la posición de apagado a la de encendido; sino como abrir un grifo con un pequeño hilo de aguar para ir cambiando levemente, por propia evolución social, el comportamiento de la gente, y luego del sistema, teniendo claro que este tipo de actuaciones pueden tener un efecto en cascada que, al cabo del tiempo y quizá no tanto, las haga significativas.

En el ámbito financiero hay que ser conscientes de que cada pequeño cambio, cada paso en la evolución hacia una mayor atención a los sectores marginales, puede implicar un gran movimiento de recursos en esa dirección, entendiendo que los recursos son el dinero que se moviliza, la organización y la tecnología que se aplica, y así generar beneficios reales concretos e inmediatos.

Llegados a las líneas finales y ya en el centro de la ciudad, hemos preparado dos textos, alternativos.

Ahí van.

Cambiar el sistema financiero para que, con nuestros ahorros, proporcione servicio financiero a los pobres y luego nos devuelva esos ahorros, y, además, conseguirlo sin apenas movernos del sillón de casa, puede parecer un sueño, pero, ya lo dijimos al principio, ¿para qué están los libros sino para soñar?	Los libros están para soñar, vale, pero las personas también lo están para actuar. No actuar significa fracasar por anticipado. Intentar que el sistema financiero evolucione solo puede ser positivo, y es compatible con cualquier acción solidaria que uno quiera tomar, así que, ¿por qué no intentarlo?

Glosario- recordatorio

AccountAbility Principles

*Para medir la eficacia de las acciones de RSC se han diseñado los **AccountAbility Principles**, que permiten analizar cómo afectan esas acciones a los grupos de interés; las organizaciones interesadas han establecido objetivos y standards de RSC y proporcionan información periódica sobre su evolución respecto a ellos. Los AccountAbility Principles se basan en los criterios de inclusividad, materialidad y receptividad.*

Community Reinvestment Act (CRA) / CRA related lending

*En Estados Unidos está en vigor desde 1977 la **Community Reinvestment Act (CRA)**, que es una norma que impulsa que las entidades de depósito atiendan las necesidades de crédito de la comunidad en la que operan.*

*El supervisor financiero evalúa si se alcanzan los objetivos de la norma, para lo cual identifica los préstamos y créditos a esos colectivos con el término **CRA related lending**.*

Credit scoring

*Cuando se aplica (el proceso de análisis y concesión de créditos) a segmentos homogéneos de clientes a los que se ofrece productos estandarizados, se pueden utilizar aplicaciones informáticas que a cada variable a analizar otorgan una determinada puntuación, accediéndose al préstamo cuando se alcanza un mínimo. Se pueden utilizar variables como los años de antigüedad en el puesto de trabajo, los ingresos anuales o el porcentaje de los ingresos que se destina a pagar las cuotas del préstamo. Son las técnicas de **credit scoring**.*

Crowding out

*Cuando los estados necesitan financiación pueden pagar un mayor tipo de interés y las entidades tienen, además, un menor coste de capital, por lo que toda la inversión se dirige hacia ellos y se expulsa a los prestatarios privados. Se produce un desplazamiento, o **crowding out**, en cuyo caso no es que no se conceda un determinado préstamo individual o sea necesario conseguir una cartera equilibrada, sino que no hay crédito al sector privado y el sistema no está funcionando.*

Downscaling

El cliente se puede encontrar con que se le ofrecen los mismos productos que a un cliente habitual, aunque con pequeños cambios, como un menor importe máximo de préstamo, un vencimiento más cercano, y tipos de interés y comisiones diferentes. Es decir, que se hace lo mismo a escala menor, se cambian los importes de referencia, pero no los conceptos. Es el fenómeno del **downscaling**, o aplicación del mismo modelo, pero no un cambio de modelo.

Field partner

Las organizaciones locales ya tienen la denominación acuñada de *field partners*. Son las organizaciones que identifican las necesidades de financiación de una persona o entidad determinada para una finalidad determinada, le ayudan a completar la documentación o presentación necesaria y hacen un seguimiento posterior del proyecto. El field partner muy a menudo será ya en sí mismo una entidad microfinanciera.

Fondos Norte-Sur

Habiendo nacido en Europa, alguno de estos fondos tiene una clara vocación de transferencia de recursos hacia los países menos desarrollados, los del sur de los diversos continentes. Esta estructura de *fondos Norte-Sur* no es solo una aportación de dinero, sino su aportación integrada en con mecanismos que aseguren la eficacia de la inversión.

Global Reporting Initiative (GRI)

La labor de creación de indicadores de RSC e impulso a sistemas homogéneos de información la realiza el **Global Reporting Initiative (GRI)**, una organización en red que desarrolla el marco de referencia informativo.

Progress out of Poverty Index (PPI)

Al ser su objetivo contribuir a sacar de la pobreza a las personas, Oiko ha elaborado indicadores para medir la eficacia de sus proyectos. Ha diseñado junto con Grameen un índice para medir el nivel de pobreza de las personas y las comunidades. Este índice, denominado, **Progress out of Poverty Index (PPI)**, se construye analizando diferentes variables, como son el tamaño de la familia, el tipo de vivienda, el número de niños que asisten a la escuela y otras, integrándolos en modelos de análisis ya preparados y comparando el resultado con la situación en el país o sociedad.

Responsabilidad Social Corporativa (RSC)

La **Responsabilidad Social Corporativa (RSC)** *está definida en la Unión Europea como el concepto mediante el que las empresas incorporan voluntariamente las preocupaciones sociales y medioambientales en sus negocios y en la relación con los grupos que se ven afectados por ellas, integrando estas preocupaciones e intereses con los objetivos económicos de las propias empresas.*

Riesgo moral, o *moral hazard*

Cuando aparece un sistema de otorgar y recibir préstamos, es decir, conceder un préstamo con una garantía real o personal, un segundo tipo de riesgo es relevante, que podemos llamar el riesgo del prestamista. Esto puede ser debido al **riesgo moral (moral hazard)**, *por ejemplo a un impago voluntario o a otros métodos, incluso legales, para no cumplir con la obligación de pagar, o a la posible insuficiencia del margen de garantía. (...). Es (...), un puro coste adicional al de la inversión, que no existiría si prestamista y prestatario fueran la misma persona.*

Selección adversa

El que pide el dinero tiene la mayor información. Y, puesto que su interés es conseguir el préstamo, presentará el caso de la manera más favorable. El peor prestatario se mostraría dispuesto a pagar más, y, además, la información que presentaría al ahorrador sería la más favorable para sus intereses. El mejor prestatario se mostraría dispuesto a pagar un tipo de interés menor, y, además, no haría un esfuerzo por mejorar la información presentada. El inversor en esta situación se iba decantar por un tipo de interés intermedio. Ese tipo de interés no estaría dispuesto a pagarlo el mejor prestatario, por lo que le acabaría prestando su dinero al peor prestatario y recibiría menor interés del que hubiera podido obtener para una inversión de ese riesgo. Es un proceso que lleva al ahorrador a elegir una inversión contraria a sus intereses, por lo que denomina de **selección adversa.**

Sostenibilidad

*¿Qué es la "**sostenibilidad**"?. Si el negocio principal contribuye a un entorno más limpio, a la protección del clima o mejora la salud. Pueden ser actividades de industrias renovables, protección del medio ambiente o producción de medicamentos genéricos para países en desarrollo. Se excluyen determinados sectores (armamento, energía nuclear) y en otros casos se exigen políticas proactivas que eviten, por ejemplo, transferencia de labores de producción a países que no respeten los derechos de los trabajadores.*

Stakeholders, grupos de interés o grupos afectados

La rentabilidad y los objetivos de una empresa, ¿son solo los de los dueños, los accionistas?, ¿deberían ser solo los de los accionistas? El matiz diferencial está entre "son" y "deberían ser". El concepto que incorporamos ahora es el de **stakeholders**, entendido como partes afectadas o grupos de interés: la evolución de una empresa importa no solo a sus accionistas, sino también a los empleados, clientes y proveedores, así como a otros grupos sociales afectados por ella. Estos grupos tienen una capacidad limitada de hacer presentes sus intereses y escasa influencia, pero estos intereses están empezando a hacerse valer favorecidos por una presión social y diversas recomendaciones normativas.

Too big to fail

Bancos que se considera que son demasiado grandes para dejarlos caer, puesto que su quiebra perjudicaría la estabilidad general del sistema financiero. Son las entidades **too big to fail**.

VARI

La Banca Popolare italiana, cooperativa de crédito con sede en Padua, ha desarrollado el **Método VARI (Valores, Requisitos Sociales e Indicadores Económicos)** para medir la adecuación de un proyecto a los fines de la institución. Este método se construye sobre nueve valores, respecto a los cuales analiza parámetros que los definen.

Referencias

- A letter to all national banks Hugh McCulloch, Comptroller of the Currency of the United States and later Secretary of the Treasury., December 1863.
- http://www.accionusa.org/
- Análisis Cuantitativo de los Fondos de Inversión Socialmente Responsable comercializados en España: http://www.fets.org/.
- Athenian Economy and Society. A Banking Perspective. Edward E. Cohen. Princeton University Press. Princeton, New Jersey. 1992.
- Autónomos, emprendedores, economía social y su financiación. Perspectivas del Sistema Financiero nº 86, FUNCAS.
- Banca Ética y Ciudadanía. Pedro M. Sasia y Cristina de la Cruz. Editorial Trotta, Madrid 2008.
- Banca Relacional y capital Social en España. Competencia y Confianza. Francisco Pérez García (dir) Instituto Valenciano de Estudios Económicos. Fundación BBVA. 2006.
- Calmeadow: http://www.calmeadow.com/. Documentos. Aligning Interests, The impact of global financial crisis on Latinamerican and Caribbean Microfinance institutions, Role Reversal.
- http://www.cgap.org/p/site/c/template.rc/1.26.11223/
- Community banking survey. Seeking strategic advantage. KPMG. http://www.kpmg.com/US/en/IssuesAndInsights/ArticlesPublications/Documents/how-community-banks-are-driving-growth.pdf.
- Economía Bancaria Xavier Freixas, Jean Charles Rochet.. Antoni Bosch Editor. Barcelona 1997.
- El Banquero de los Pobres. Muhammad Yunus. Paidós 2008.
- Exclusión financiera y banca ética. Alaitz Mendizabal Zubeldia. Universidad del País Vasco.
- Exclusión Financiera. Perspectivas del Sistema Financiero nº 84, FUNCAS.
- FDIC Community Banking Study. https://www.fdic.gov/regulations/resources/cbi/study.html
- www.fets.org.
- Financial Exclusion. Santiago Carbó, Edward P.M. Gardener y Philip Molyneux. Palgrave Macmillan 2005.
- Financial Services Provision and Prevention of Financial Exclusion European Comisión.. March 2008. Executive Summary.
- From Exclusion to Inclusion through microfinance. Proyecto conjunto de MFC, EMN y cdfa.
- https://www.globalreporting.org/reporting/sector-guidance/financial-services/Pages/default.aspx.

- Happy About People-to-People Lending with Prosper.com. Roger Steciak.2007.
- In or our? Financial Exclusion. A literature and research review. FSA. 2000.
- Informe sobre exclusión y desarrollo social en España. Fundación FOESSA. http://www.foessa2014.es/informe/uploaded/descargas/VII_INFORME.pdf
- Instituto de Crédito Oficial. http://www.ico.es/web/contenidos/7085/index.html
- Kiva: http://www.kiva.org/
- La Banca Ética, Mucho Más que Dinero. Icarian Milenrama, Dic 2002. I Congrès Internacional de Banca Etica a Catalunya. Ponencias.
- La Banca y los Mercados Financieros Ramón Casilda, Prosper Lamothe y Manuel Fernández. Alianza. Universidad Textos. Madrid 1997.
- La financiación socialmente responsable. El microcrédito en España. Fundación ICO. 2005.
- La Rebelión de las Musas. Jorge Llopis. Editorial Planeta, serie La Nariz, Barcelona 1972.
- Laboratorio de Inversión Socialmente Responsable, cátedra Telefónica-UNED de Responsabilidad Corporativa y Sostenibilidad. http://responsabilidad-corporativa.es/
- Las Entidades de Crédito. Funcionamiento y Gestión. Santiago Garrido Buj (Coordinador) Universidad Nacional de Educación a Distancia. Madrid 2001.
- Lombard Street. A description of the Money Market. Walter Bagehot. Richard d. Irwin, Inc. Homewood, Illinois. 1962.
- Los Fundamentos del Dinero y la Banca José M. Andreu. Dykinson 2000. Madrid.
- Marketing de los servicios bancarios y financieros. K. Andrew. Ed. Deusto 1989
- Marketing en la Era de la Información. José María Barrutia. Ed. Pirámide. Madrid 2002
- Marketing Financiero. Nuevas estrategias para el siglo XXI. Arjan Sundardas Mirchandani. Instituto de Empresa. Mc Graw Hill. Barcelona 2005.
- Microcréditos. La revolución silenciosa. Antonio-Claret Garcia y Jesús Lens. Debate. 2007.
- Microfinance barometer 2014. http://www.convergences.org/assets/uploads/BMF-2014-EN_web.pdf
- Migrants and Financial Services. Luisa Anderloni. Daniela Vandone..DEAS University of Milan.
- M-Pesa: http://www.safaricom.co.ke/
- http://progressoutofpoverty.org/es
- Oiko: http://www.oikocredit.org/
- Operation and Regulation of Financial Markets, by Peter Englund. Conferencia de Robert C. Merton, Operation and Regulation in Financial Intermediation: A Functional Perspective. Stockholm School of Economics, Estocolmo, 1992.

- Person-to-Person Lending (the complete idiot's guide) Curtis E. Arnold y Bevewrly Blair Harzog. Alpha (Penguin) 2009.
- Pichincha. http://www.bancopichincha.es/
- Pichincha, entrevista con el director en España: http://www.clave.com.ec/index.php?idSeccion=368
- Prosper: http://www.prosper.com/
- Razón de ser de la Banca Ética. Marta de la Cuesta, Beatriz Fernández y Orencio Vázquez. Ensayos FUNCAS 2006.
- Reflexiones sobre el origen y las implicaciones de la exclusión financiera. Alaitz Mendizábal, Jone Mitxeo, Aitziber Olasolo, Marian Zubia.
- Reflexiones sobre la Banca. Discurso de recepción en la Real Academia de Ciencias Morales y Políticas. Madrid Fuentes Quintana, Enrique y Sánchez Asiaín, José A. Discurso de recepción en la Real Academia de Ciencias Morales y Políticas. Madrid, 1987.
- Regulación Financiera Mundial. Howard Davies y David Green. Paidos 2009.
- http://www.observatoriorsc.org/
- http://responsabilidad-corporativa.es/isr/item/505-observatorio-2013-de-la-inversion-socialmente-responsable-en-espana
- Sistemas Financieros Comparados. Papeles de Economía Española nº 110, 2006. FUNCAS.
- Sobre los fundamentos del dinero y la banca. José Miguel Andreu. Dykinson 2000, Madrid.
- Survey on the access to finance of small and medium sized enterprises in the euro area. European Central Bank 2010.
- The Economist, 25 de Mayo de 2013. http://www.economist.com/blogs/economist-explains/2013/05/economist-explains-18
- The effectiveness of the Comunity Reinvestment Act. Darryll E. Getter. Congressional Research Service. January 7th, 2015. http://www.fas.org/sgp/crs/misc/R43661.pdf
- The Grameen II Story. Kumarian. Asif Dowla and Dipal Barua. The Poor Always Pay Back. Press Inc. USA.
- https://www.triodos.es/es/ Paidos 2008.

www.ingramcontent.com/pod-product-compliance
Lightning Source LLC
Chambersburg PA
CBHW031050180526
45163CB00002BA/774